一路而来

胶济铁路源代码

陈宇舟 著

山东画报出版社

济 南

图书在版编目（CIP）数据

一路而来：胶济铁路源代码／陈宇舟著. —济南：
山东画报出版社，2024.5
ISBN 978-7-5474-4676-8

Ⅰ.①一… Ⅱ.①陈… Ⅲ.①铁路运输—交通运输史—
史料—山东 Ⅳ.①F532.9

中国国家版本馆CIP数据核字（2024）第079867号

YILUERLAI JIAOJITIELU YUANDAIMA

一路而来 胶济铁路源代码

陈宇舟 著

责任编辑 赵祥斌 孙程程
装帧设计 王 芳 刘悦桢

主管单位 山东出版传媒股份有限公司
出版发行 山东画报出版社
社 址 济南市市中区舜耕路517号 邮编 250003
电 话 总编室（0531）82098472
市场部（0531）82098479 82098476（传真）
网 址 http://www.hbcbs.com.cn
电子信箱 hbcb@sdpress.com.cn
印 刷 山东临沂新华印刷物流集团有限责任公司
规 格 160毫米×230毫米 32开
11.75印张 209幅图 286千字
版 次 2024年5月第1版
印 次 2024年5月第1次印刷
书 号 ISBN 978-7-5474-4676-8
定 价 68.00元

如有印装质量问题，请与出版社总编室联系更换。

序

周　车

1876 年，在山东胶州湾畔的女姑口，一个农民的儿子呱呱坠地，他叫庄景山。1903 年，庄景山走进胶济铁路赵村站学习铁路业务，用德文写下了一份"列车报告"。1904 年，胶济铁路从青岛修至济南。

一百年后……

1976 年，在山东黄河沿岸的济南，一个铁路工人的儿子出生，他叫陈宇舟。2014 年，陈宇舟走进胶济铁路博物馆策划组，参与了整座展馆的筹建。2016 年，胶济铁路博物馆建成开放。

2019 年，一个叫庄上士的中年男子，一大早从青岛乘坐高铁来到济南胶济铁路博物馆，寻找他曾祖父庄景山的资料。陈宇舟作为博物馆的管理人员，由此结识了庄家人。

庄上士从手机里打开了一幅图片，说是曾祖父当年亲笔写下的一段简历。陈宇舟经过考证，认为这份简历就写在庄景山当年在赵村站实习时的那份"列车报告"上，由此开启了在胶济铁路寻找庄景山的历程。

一百多年前……

庄景山们是谁？他们大多是山东当地和周边地区的农民，原本世代过着面朝黄土背朝天的日子，直到一种能喷火的庞然大物突然出现在眼前，打破了这块土地的沉寂，也把他们从固有的生活方式中连根拔起。或由于连年灾荒，或为生活所迫，或为补贴家用，他们纷纷加入胶济铁路筑路大军的行列。这些中国劳工当年绝不会意识到，当他们选择放下手中的锄头，离开自己的土地，走到那两条钢轨之间的时候，他们的身份正悄然发生着质的变化，从农民成为产业工人，从此与胶济铁路休戚与共。

沿着胶济铁路的轨迹探寻，可以触摸到历史的心脉，聆听到民族的呐喊。在胶济百年的风云变幻中，李希霍芬、袁世凯、周馥、锡乐巴、葛光庭……一位位历史人物陆续登场。

修建胶济、高密抗德、日德战争、五四运动、接收胶济、煤商罢运、"济南惨案"、青岛铁展会、胶济赎路、济聊铁路、学者逃亡……一件件历史事件惊心动魄。

珍贵照片、原始文件、尘封史料、家藏档案……当年的黑白影像、当年的文字记录、当年的公务函件、当年的媒体报道、当年的秘密电文，一份份珍贵史料浮出水面。

翻阅着浩如烟海的胶济铁路历史资料，尘封的往事跃然眼前，那年、那地、那人、那事被逐一梳理，一件件看似独立的历史事件也穿针引线般联系起来。

历史的脚步，需要缓行。

曾经的过往，需要解读。

目录

序 | 1

第一篇　胶济车站

独一无二的青岛站 | 3

记忆深刻的高密站 | 10

独树一帜潍县站 | 18

窥斑知豹郭店站 | 26

小站大用的济南沿河车站 | 34

暗藏玄机的济南府东站 | 42

鲜为人知的济南府西站 | 47

从火车站到博物馆 | 55

胶济铁路早期车站之变 | 65

胶济铁路车站的"小物件" | 73

第二篇　胶济铁事

胶济铁路修建背景二三事 | 85

胶济铁路修筑：中德双方的博弈 | 93

胶济铁路总办：锡乐巴的人生弧线 | 101

109 ｜ 胶济铁路的职员们

117 ｜ 乱世羁旅：旧时胶济铁路上的人们

126 ｜ 20 世纪 20 年代：胶济铁路曾力图振兴

134 ｜ 精益求精的胶济铁路饭店

143 ｜ 胶济铁路与煤商的爱恨情仇

152 ｜ 胶济沿线中外货商之争

160 ｜ 胶济铁路的延展计划

167 ｜ 葛光庭胶济抗日轶事

175 ｜ 胶济铁路的红色基因

183 ｜ 李希霍芬号到八一号

第三篇　胶济物件

193 ｜ 一个多世纪的邂逅

201 ｜ 深藏不露的桥墩石

208 ｜ 与世沉浮的泺口黄河铁桥

216 ｜ 虎狼之争的见证

223 ｜ 寻找庄景山

233 ｜ 胶济铁路 1923 年记忆

胶济铁路大修合影解谜 ｜ 240

到青岛避暑去 ｜ 249

沈教授考察胶济线 ｜ 257

迎着曙光向前 ｜ 266

回到胶济零公里 ｜ 275

第四篇　胶济之变

胶济铁路管理机构沿革 ｜ 287

"胶济""津浦"两路的分合之变 ｜ 295

胶济铁路南线的近代之变 ｜ 303

从民众到国家的胶济之争 ｜ 311

胶济铁路沿线土货 ｜ 319

胶济铁路沿线洋货风潮 ｜ 328

沿铁路流动的资本 ｜ 336

铁路勾连起的市场大网 ｜ 344

胶济铁路与近代山东之变 ｜ 352

后记 ｜ 361

第一篇
胶济车站

独一无二的青岛站

青岛站 1900 年动工，1901 年建成使用，不仅是胶济铁路零公里起点站，还是全线开通时所有车站中规模最大的德式风格站房。据 1904 年德方山东铁路公司撰写的《山东铁路建设史》记载："青岛站建有一座带钟塔楼，使城市面貌富有生气的大候车室，无论是内部还是外观都符合铁路始发站的重要身份，设计富丽堂皇。"建成伊始，青岛站即成为青岛城市的重要标志性建筑。

青岛站的建筑风格及特点

青岛站最初的设计方案比最后建成的还要宏伟奢华，但山东铁路公司柏林总部的董事们却普遍认为，建筑体积太大，过于昂贵，不符合铁路公司大多数董事的利益，而且德国议会也不乏反对之声，这个设计方案无奈出局。最终，胶济铁路建设负责人锡乐巴设计得更为适度的青岛站建筑方案获得了通过。

青岛站具有明显欧洲哥特式建筑特色，站房平面呈矩形，占地面积918平方米，耸立的钟楼和大坡面的车站大厅两部分组成不对称造型。车站钟塔高35米，沿用了德国乡间教堂样式，下部与地面垂直开有三排两组细窗，钟塔的基座、窗边、门边以及山墙、塔顶的装饰都用粗毛花岗石砌成。候车厅居中，主体两层高15米，钢木结构，双坡陡峭，屋顶为四坡顶，面覆中国杂色琉璃瓦，立面采用当时德国流行的公共建筑设计手法——剁斧花岗石勒脚。车站主入口有花岗岩石台阶，通向三个拱顶式券门。顶部有竖向划分的条状窗户，窄窗衬托大门，扩大了尺度感。上部建有高大山墙面，设计成略外突的砖石砌筑分隔线条，为仿木形式，很好地突出了厚实的钟塔和入口的位置。候车厅两侧

胶济铁路开通初期的青岛站　云志艺术馆藏

为票房与值班室，二楼为办公区域，整体建筑外观雄伟，内部空间宽阔，实现了艺术性和功能性的有机结合。车站建筑东侧有一花园广场，配以绿化庭院作为来往旅客休息和中转的公共场所，同时也成为美化环境的街心公园，使建筑物处于开敞的视野中。

青岛站的城市意象

德国武力占领胶州湾，并强迫清廷与之签订《胶澳租借条约》后，首先对土地进行了勘察测量，并绘制了详尽的城市建设平面图。他们把青岛湾、汇泉湾沿岸一带的最佳地区划为西方人的居住地。这里背靠群山，面对海湾，冬天能抵挡寒冷北风的侵袭，夏天可得南来习习海风的吹拂，气候宜人，是一块理想的居住地。这里原有中国人居住的上青岛村和下青岛村，1899 年土地被德国人收买后，村民们被拆迁到了大鲍岛一带。德国以原青岛村为中心，村西作为德国人的官衙公署及住宅和商业区；较大的建筑物，如总督府、教堂、军医院、观象台等都建在了高度和位置特别优越和合适的地方。海水浴场设在汇泉湾中。稍东的太平湾海岸一带则作为西方人的别墅区，海军陆战营和炮兵营的营房也设在这里。此区的北部，即大鲍岛和埠头一带划为华商住宅、商店用地。小港和大港一带作为海港区和工业区。其余如小鲍岛和台东、台西两镇，作为中国人的居住地。另外，德国人还设置了几个公园。

青岛站的位置设在欧人商业区的西部，居于亨利王子路（今广西路）和霍恩措伦路（今兰山路）的轴线上，从规划布局上看，是作为太平路海滨大道东端的道路对景而设置的。鉴于青岛在德国远东战略的特殊地位，青岛火车站又

初建时的青岛站及周边建筑　王学纲藏

青岛站对面的兰山路街景　云志艺术馆藏

处于德国控制下的胶澳核心区域，作为一座城市的门户和标志，青岛站被设计为典型的德式建筑亦不足为奇。但笔者注意到，如果充分考虑青岛站进入城市的功能及其所处的城市位置，这座外形恢宏壮观、细节美丽经典的建筑，给当年初到青岛的人们所带来的强烈震撼是十分明显的，扑面而来的第一眼便领略到这个城市的基调与气质，不由自主地产生身处异国的迷离。回头再端详这座形似教堂的车站、赫然出现的德式风格的钟塔，给人的是某种想象的跳跃，内心深处潜移默化地已经提升到近似宗教意识的范畴了。笔者猜想，青岛火车站作为西方外来文化与中国本土文化交汇的原点，以上情境的发生，恐怕是注重对中国进行文化输出与渗透的德国占领当局乐于见到或刻意为之的吧！

铁路与海运的连接点

青岛栈桥始建于 1891 年，最初为铁木结构、石基灰面，1897 年，德国侵占青岛后作为货运码头使用。随后扩建，原桥北端改为石基、水泥铺面，铁索护栏，桥面铺设轻便铁轨便利运输。为此，在 1898 年青岛第一份城市规划方案中，青岛火车站被设置在栈桥附近，目的是想建立铁路与海运之间的联系。但锡乐巴经过考察不同意这个方案，提出青岛站栈桥选址方案只是一个权宜之计，因为 1897 年的规划就确定要在胶州湾内修建青岛港，港口竣工后大型远洋运输就不会再使用栈桥了。而且在这份方案草图中，铁路轨道的走向在靠近栈桥之前有一个四分之一的圆弧，火车站设计在这一位置技术难度太大。关于车站的争论一直持续到 1899 年 10 月，最终火车站的位置还是按照锡乐巴的方案西移，沿胶州湾海岸联结两个港口。

青岛的港口铁路

　　笔者认为，两个方案看似在青岛站选址的不同位置上产生了争论，但实际是德方在铁路与海运连接点的选择上做出了决断。德国认为青岛的发展基于两个重要前提：一是通过现代化的大型港口设施促进航运的发展；二是面向广阔的内地，尤其是通过铁路对内地重要经济地区的开拓必须取得成效。为此，青岛的港口建设与胶济铁路建设必须并举推进。山东铁路公司联合山东矿务公司与德国海军部举行多次谈判，最终达成协议，由铁路公司在海港地区铺设轨道，并在大港运煤堤道上安装运煤设施。1904 年，大港一号码头北区开放，在一号码头起始处的对面建了一个客运站，以方便海港与青岛和内地的交通，大港码头车站的货物由专门的列车运输。通往北区的连轨线由总督府出资修建，港口地区和码头的轨道也由总督府购买，港口货运转到总督府手中。后来总督府就港口铁路的运营和维护与铁路公司签订了专门的合同，规定港口铁路

青岛大港第二码头的海陆联运

由铁路公司租赁经营，由总督府统一管理，协调各方面利益。这样虽然结束了
山东铁路公司在大港的垄断地位，但港口与铁路相连，实现了海陆联运，既方
便了货物运输，也扩大了港口的吞吐能力。此前的1899年4月，中德还签订
了《青岛设关征税办法》，在青岛租借地内设中国海关，不论洋货土货，凡运
入租借地不再运出者，一律不征关税；若洋货经青岛运入内地，或内地土货经
青岛出口，则需征税。随后，德国捷成洋行、亨宝轮船公司、英国太古洋行、
怡和轮船公司、俄国东方航运公司、日本大阪轮船公司，纷纷开辟了青岛通往
芝罘、牛庄、天津、上海、香港，乃至日本和欧洲的邮轮航线。

　　由此看来，青岛站不仅连接着铁路与海洋、山东与世界，还成为近代西方
政治、经济、文化向中国渗透的中转站。

记忆深刻的高密站

高密站本来应是胶济铁路早期站房中并不显眼的一个中型车站，但从铁路选线之初似乎就注定了高密站的命运多舛。

铁路选择高密的对与错

胶济铁路正式修建之前，德国企业投资组成的山东铁路公司就各自派出铁路建设专家到山东考察铁路建设。其中山东辛迪加聘请的是后来成为山东铁路公司柏林管理层的阿尔弗雷德·盖德兹。盖德兹考察后设想铁路从青岛至德州，全长545公里，其中干线500公里，张店至博山支线45公里。这条勘测线路将山东的港口和腹地连接起来，成为商品流通的重要渠道。它同时承担起至关重要的煤炭开发和运输的任务。盖德兹在报告中指出，其线路的设计和车站的设置，均以吸引尽可能多的货运和客运为目标。他计划在青岛—济南府干线设置34个车站，张店—博山支线设4个车站。这些车站按其轨道设施分成4类：主车站（青岛、潍县、周村、济南府）、支线车站（张店）、装煤车站（淄川、博山，可能还有普集或明水）和停靠站。盖德兹的设计原则没有什么大的错误，也许是考虑到铁路线尽可能平直的原则，他设计的这条线路上，高密被甩在了外面。

亚洲业务财团聘用的专业人士中，包括曾为湖广总督张之洞效力，参与设计修建大冶、淞沪等铁路，后来主持胶济铁路修建的海因里希·锡乐巴。锡乐巴与一名挪威籍工程师洛克，首先进行了铁路修建前期的勘测工作。通过初步勘测，锡乐巴认为，在这个地区建造通往中国北方的铁路不会遇到特别的技术难题，并且拥有一个土地肥沃、人口稠密的腹地。但凭借多年的实践经验，锡乐巴对此前盖德兹的选线方案还是敏锐地提出了其中的缺陷。一是终点设置。盖德兹的方案把胶济铁路的终点规划到德州而不是济南，但这需要跨越黄河，技术条件和经济成本可想而知。二是中段线路走向。盖德兹设计的线路把胶州、高密两个人口众多且物产丰富的县城排除在外，显然是不明智的。

在两人考察结果的基础上，1899年6月底，山东铁路公司终于确定了铁路线由青岛至济南的走向。从青岛出发，沿海滩以弧形绕过胶州湾，跨过大沽河等流入胶州湾的河流，在74公里处到达胶州。然后穿过平原，越过墨水河和胶河，到达100公里处的高密。接着，越过其他一些流入直隶湾（今渤海湾）的河流，在128公里处达到丈岭。越过潍河、云河，穿过潍县的煤矿，在183公里处到达潍县。然后经青州、张店、周村和龙山，到达济南。支线由干线上的张店分出来，沿孝妇河的河谷穿过淄川，经河谷周围的煤田到达博山。一条东西横跨山东，即将改变山东传统交通格局的胶济铁路，清晰流畅地出现在世人面前，而高密站就在其中。但作为胶济铁路总工程师的锡乐巴，万万不会想

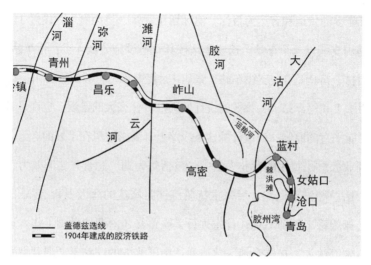

盖德兹选线与胶济铁路实际修筑线路在高密附近的区别

到，就是这个他执意选择的站点，却在后来的铁路建设过程中给了他当头一棒，为他后来毁誉参半、错失良机埋下了重要伏笔。

高密大集上的导火索

德方在山东修建胶济铁路面临着巨大挑战。一方面民众固守着传统的思维，对修铁路有种本能的抵触，再加上德国兵占领胶州湾，铁路公司肆意侵占乡民土地，给付低廉的补偿，强迫迁坟移舍，雇员多方凌逼，民怨像火山一般逐步积累，终于在一次看似极小的事件中喷薄而出，一发而不可收。

笔者根据史料，尝试着用文学的笔触还原那一天发生了什么……

1899 年 6 月的一天，高密大吕庄集市上聚集了成百上千的附近乡民，热闹极了。有的出售自家种的瓜果，有的售卖自家做的柳条筐，还有的小贩兜售着孩子们喜欢的糖人……集市上，还有说书的、算命的、保媒拉纤的，高密当地的茂腔戏更是不能缺席，博得一阵阵喝彩。

突然，一阵年轻村妇尖叫刺耳的呼喊声，从熙熙攘攘的人流中传了出来，赶集的乡民们纷纷循声张望，朝着声音发出的地方汇聚。只见人群围出的圈子里，一名村妇蹲在地上，双臂抱着膝盖，捂着头在不停地哭泣。旁边一个精壮汉子，像是她的丈夫，双手紧紧抓住一名瘦削的男人，嘴里说着高密土话，不停地骂着，质问这名男子为什么欺负他的老婆，还动手动脚。这名被抓的男子也不甘示弱，旁边还有几名他的同伴在回骂那名精壮汉子，但一听口音就是外乡人。僵持之下，人越聚越多，年轻村妇只是一个劲地大哭，平时无聊的乡民最爱看热闹，有好事的在旁边起哄架秧子"爷们，揍他！看看你家婆娘被欺负成什么样了！"精壮汉子脸憋得通红，对方仗着人多势众没有丝毫退让的意思，同伙还上来推推搡搡，让汉子松手。精壮汉子终于忍无可忍，挥拳向瘦削的男人打了过去。随后，就被对方四五个人打倒在地，只顾抱着头大喊："他们德国佬修铁路占我们家地，你们这帮二鬼子又欺负我们家婆娘，今天你们打不死老子，改天我跟你们拼命……"

围观的乡民听说对方是山东铁路公司雇用的外地小工，看到一帮外乡人仗着德国鬼子的势力在欺负高密人还有他的婆娘，观战的立场迅即发生了变化。

"我家的宅子也在他们的线路上，到现在就给了一吊钱。"

"你那几间房算什么，我们家的祖坟他们也要迁走。"

"你们多少还能得到些钱，到我家那个说洋话的通事，说三天不搬走，我们还要给他们一大笔钱，说是耽误了洋人的工期。"

"拿枪的洋鬼子官老爷不敢碰，俺们高密爷们还任由这帮二鬼子骑在头上拉屎吗？"

......

众乡民你一言我一语，不断挑动着已经过热的气氛，终于有人出手了，那几个外地小工见势不妙纷纷逃窜。躁动起来的乡民无处发泄，把不远处德国人勘测铁路设置的标志杆一个一个痛痛快快拔除了，仍不尽兴，人流又涌向了铁路公司在高密设立的办事处，要求德国人停止在高密修建铁路。

胶济铁路建设过程中的第一次大规模暴力冲突由此爆发。

三次冲突后终建成

1899 年 6 月至 1900 年秋，德国的山东铁路公司与当地民众发生了三次规模较大的暴力冲突。

第一次冲突中，胶澳总督派军队对中国民众进行了血腥镇压，中德双方续订了《筑路善后章程》，但将保护铁路的责任全部加到地方官身上，对德方的山东铁路公司没有做出任何限制性规定，反而成为更严重争端的前奏。第二次更大规模冲突发生在 1899 年底，铁路建设再次中断。新任山东巡抚袁世凯与铁路公司谈判签订《胶济铁路章程》，相当于德方变相承认了铁路处于中国管辖权之下。第三次针对铁路的暴力活动发生在 1900 年 6 月义和团运动高涨期

高密站开通时入口一侧建筑全景　云志艺术馆藏

在高密站等车的德军　云志艺术馆藏

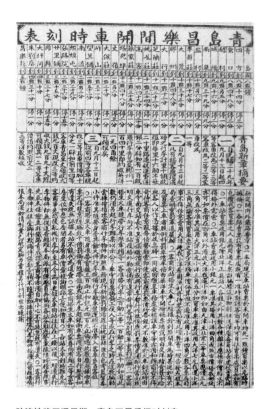

胶济铁路开通早期，青岛至昌乐间时刻表

间。胶澳总督叶世克向高密和胶州各派出了 200 人的军队，以确保胶州—高密段铁路恢复建设，并在两地修建兵营，驻扎长达 5 年之久。中德双方经过多次的冲突与调适，胶济铁路才得以继续向济南修筑。

距离青岛 100 公里左右的高密站 1901 年始建，1901 年 9 月 8 日开站运营。主站房的立面划分基本与胶州站相似，二层砖木结构，顶部设有阁楼，屋顶随建筑高低起伏，屋脊除了采用具有冀鲁豫民居典型特征的透风脊，还在屋脊的末端采用了瑞兽装饰，较胶州站中式元素更加突出。整个二层外墙装饰了外露的木架结构，呈现出漂亮的几何造型，一二层间的腰线十分明显。但高密站屋

在高密站等车的中德官员　云志艺术馆藏

顶的设计与胶州站明显不同，中式四面坡的屋顶在朝向铁路一面嵌入了一个硕大的老虎窗，仿木结构划分的面积也扩大到整个二层，与底层的清水墙白线沟边形成鲜明对比。屋顶中式脊瓦与德式立面的结合还是显得生硬，不过与胶州站像一对亲兄弟，见证了那个时代的融合演变。

吸取建设过程中的教训，德方在高密西乡没有按照平均 7.2 公里的距离设立车站，而延长到 15 余公里，胶济铁路其他各站之间列车的运行时间基本在 10 至 15 分钟之间，只有高密至蔡家庄是个例外，列车在此区间运行了足足 26 分钟。

也许时间会抚平一切。开通之初的高密站留下过一张照片，崭新高大的站房前面中德官员悠闲地谈笑风生，众多百姓在近旁围观聚集。虽然车站入口的灯笼下站着头戴军盔的德国兵，照片右侧车厢前面站着一排头戴环形礼帽的中国铁路警察，但不是荷枪实弹的样子，大家都在等待着一列火车上"贵宾"的到来，似乎几年前中德双方剑拔弩张、不共戴天的情形根本就没有发生过。

独树一帜潍县站

潍县站距青岛近 200 公里，基本位于整条胶济铁路的中间，1902 年 6 月 1 日开站运营，是胶济铁路自青岛出发途经的第一个"大邑"。从胶济铁路最初站房的规模和形制看，车站建筑风格样式以潍县站为界，呈现出东部沿海更趋西式，西部腹地更趋中式的特点，由此造就了潍县站中西合璧、独树一帜的特点。

潍县站的建筑风格及特点

潍县站主站房立面划分亦如胶济铁路东段的胶州站和高密站，为二层砖木结构，但明显不同的是，站房建筑的德式元素被刻意减弱，中式风格占了主体。首先，屋顶采用了较为特别也更加中式化的十字脊屋顶，在正脊、垂脊顶端都

1902 年刚开通的潍县站

潍县站十字脊屋顶、侧山墙上的"双翅飞轮"标志和站房建成年份标识

增加了中式瑞兽，虽然仍有刻意拼凑的感觉，但这种形式在胶济铁路沿线却绝无仅有，也许其设计灵感来自在北京紫禁城的角楼。其次，站房外立面没有再采用大面积的清水墙白线勾边，仅在主站房的框架承重、门套窗套处出现。此外，楼顶虽然也设计了阁楼，立有高大的烟囱，但仿木结构的装饰不见了踪影，门窗被设计成拱形，尖屋顶外侧有铁质装饰，侧山墙上出现了山东铁路公司"双翅飞轮"的标志和站房1902年建成的年份。

新科状元为潍县站题字

潍县站主入口二层窗户两侧的墙上，分别镶嵌了"如砥如矢，至齐至鲁"八个大字，表达着平直、定向、快速到达齐鲁各地的寓意，这种用中式语句表达西式理念的车站广告，在胶济铁路所有车站中是绝无仅有的。

胶济铁路沿线车站中为何只有潍县站墙壁上有题字呢？这八个字究竟是谁题写的？出于什么原因题写的呢？后经查证，这个人叫王寿彭，是清朝建立以来，潍县出的第二位状元。巧合的是第一位高中的潍县人傅以渐是清朝开国状元，而王寿彭则为光绪二十九年（1903）状元，除下一科刘春霖成为中国的末代状元外，他算是中国的"压轴状元"了。

王寿彭，字次篯，一字述亭，1874年生于山东莱州府潍县南关（今潍坊市寒亭区）。光绪二十八年（1902）寅科乡试，王寿彭前去应试，中了第三十五名举人。同年，胶济铁路通至潍县。1903年，为光绪帝三十岁万寿大典，清政府举行辛丑、壬寅"恩正并科"会试，是为癸卯科。王寿彭中了第三十七名贡士，接着参加殿试。没想到名不见经传，排名也不靠前的他，命运却因姓

潍县站墙上镶嵌的"如砥如矢，至齐至鲁"

名就此改变。

由于此次科举的第二年甲辰是慈禧太后七十大寿，殿试阅卷的大臣们想选一个名字中带有"福""禄""寿""喜"的定为状元，给慈禧太后取个好兆头，也给自己带来好运气。王寿彭的名字，不仅有一个"寿"字，"彭"和他的字次中的"篯"，更是八百岁彭祖篯坚的篯，加上"王"这个姓氏，王寿彭三个字隐隐含有天子万年的吉兆。"寿齐彭祖"这样好的名字，理所当然地被排在了前十本试卷的最上面呈给了光绪帝，进而被慈禧太后毫不迟疑地"钦点"殿试第一名，状元就这么诞生了。

此等光宗耀祖的喜讯传到了王寿彭的家乡潍县，乡亲们自然是奔走相告。对于王状元"侥幸得中"的说法，也有了新的传说：慈禧钦点了有"寿比彭祖"之意的恩科状元王寿彭后，众举子不服。慈禧又令考官要求每个考生写名人一百个，谁先写完谁为胜出。众考生急不可待地写了起来，而王寿彭挥毫几笔很快呈了上去。考官展开一看，上书八个大字"七十二贤，二十八宿"，指孔子七十二位有成就的弟子，和二十八位传说中的神仙，慈禧对此十分欣赏。对于他的机智，众人也都服了。王寿彭本人对自己中状元实属偶然这种说法，写了一首打油诗辩解："有人说我是偶然，我说偶然亦是难；世上纵有偶然事，岂能偶然再偶然。"

但无论世人如何议论，潍县人王寿彭得中状元却是货真价实的事情。对于孔孟之乡的山东来说也算是一件大喜事。为了沾沾喜气，更为了教化乡民，不知道谁动议请新科状元为刚刚开通的胶济铁路潍县站题字。由此，"如砥如矢，至齐至鲁"八个字镶嵌在了潍县站的墙壁上，长达半个多世纪。

抵御西方列强渗透的铁路分界点

胶济铁路离开潍县这个"分水岭"继续向西，就深入了山东腹地，车站的中式建筑风格也更加浓厚。何止站房建筑风格如此，从此后中国政府为抵御西方列强通过胶济铁路向山东腹地进行渗透而采取的措施来看，潍县在中国人的心理上，是一个不能让西方人逾越的分界点。

在胶济铁路全线开通前一个月，山东巡抚周馥联合直隶总督袁世凯，联名奏请清廷要求济南、周村、潍县三地自开商埠，"俾利权不至为德人所垄断",此举成为中方对抗外国经济势力随铁路扩张的有效手段,也从地理上给强占胶州湾的德国人画了界线。

20世纪初,潍县与周村、济南同时自开商埠,由此成为鲁中地区最大的商贸城市。在1926年中华书局出版的《全国都会商埠旅行指南》中,是这样描述潍县的:"自青岛至此约五小时可达。县城约在车站之西北三里许。地占山东半岛之枢轴,工商业之中心地也。为自青岛及芝罘二方面至省城济南之主路相交叉处。其一面介羊角沟与渤海水路相联络,故其位置,交通至便。1906年与济南同时开放为各国互市场。"

不仅是交通位置和经济作用,潍县在军事上也成为必争之地。1914年,第一次世界大战在欧洲爆发,日本趁德国无力东顾之机对德宣战,出兵山东。面对日本的压力,中国北洋政府宣布中立,划出潍河以东、海庙口、掖县(今

1914年的潍县站,屋顶已经简化

20 世纪 40 年代潍县站的站名标识

莱州)、平度以西为日军行军区,甚至撤走掖县附近驻军,以免与日军发生冲突。然而日本的野心是由山东北部登陆后,可以趁战事占据胶济全线,既可截断德军陆上退路,又为日后霸占胶济铁路制造既成事实。

9 月 23 日,日军从龙口登陆,经掖县、平度、即墨,到胶州,利用胶济铁路快速向西推进,越过"行军区"图谋济南。尽管北洋政府始终抗议,却不能阻止日本不断扩大军事行动。9 月 25 日,德国驻华使馆致函中国外交部:"兹因战事,胶济铁路公司拟停潍县迤东行车并坊子矿务,请设法保护已弃之铁路并矿务各机具等物。"次日,外交部致函德国驻华使馆:"已饬地方官设法照常维持保护。"当日晚,400 多名日军包围了潍县火车站,4 名德籍管理人员被掳走，10 多名铁路职员被拘捕，车站电报员李天训被刺伤左肋致死。26 日，中方外交部声明，要求日本政府"迅电潍县军队，立即撤退，以顾邦交，而维信用"。日本外相加藤高明对此毫不客气地辩解，日本认为胶济铁路是德国的铁路，应当与胶澳一并占领，并请将中国军队撤离，如果发生冲突，日本将认为这是中国帮助德国并与日本为敌的举动。30 日，"因恐日军若实行占领由潍至济铁路，则中国中立再遭破坏，地方亦必大受影响"，外交部向日本政府提出抗议，但对于蛮横无理、志在必得的日本来说，根本不会起到任何作用。此后，日军越过潍县沿胶济铁路不断扩大军事行动，直至占领胶济铁路全线。从这场战争中可以看出，潍县站成为中德日三个国家退守和进攻的必争之地。

历史的风尘最终没有把历经沧桑的潍县站保留下来。20 世纪 50 年代，潍县站拆除重建；20 世纪 60 年代，潍县改为潍坊市，潍县站更名潍坊站；20 世纪 70 年代，潍坊站建成候车室大楼；2005 年底，风筝造型的潍坊站新站房竣工投入使用。

窥斑知豹郭店站

　　据《中国古今地名大辞典》记载：郭店，在山东历城县东三十余里。路通章丘县，胶济铁路经之。郭店站就是这样一个靠近济南的胶济铁路小站。一百多年过去了，当年的德建站房早已踪迹皆无，消散于历史的烟云之中。

　　胶济铁路德建小型车站早期图片资料十分稀缺，大多是"一战"和"二战"期间日军拍摄的，站房最初原貌几乎无从查考。幸运的是，在 1904 年胶济铁路全线开通时的 42 个小型车站中，郭店站是目前能见到的典型的且留下清晰全貌照片的小站，以"窥斑知豹"的方式探究胶济铁路早期小站建筑风格及特点，弥足珍贵。

郭店站的建筑风格及特点

　　1904 年 6 月 1 日，胶济铁路全线通车，共设 60 个车站，站房建筑均由德国山东铁路公司设计建造。据相关资料，较大的车站有行李区、宿舍区和候车区。中等车站建有铁路维修工和路段保养工宿舍；最小的车站只有一个营业窗口、一个值班宿舍和一个候车区。所有车站都修建了厕所，几个大站修建了独立仓库，31个车站在主站房旁添建了货物仓库。中小车型站根据铺设线路数量设置了2—4个扳道机。小型站房据其等级，采用了按定制标准图纸设计建设的方式，绝大多数都是单层砖石结构平房，砖瓦等建筑材料均就地取材。站舍面积大多不足900平方尺（约100平方米），和铁轨之间是高出轨面1尺（约0.33米）左右的土站台。除开间大小有所不同外，所有小站均在侧山墙、转角、窗套等部分用砖砌、嵌石等方式进行简单装饰，细节有所差别。站房屋顶采用了不同的中式建筑元素。

1904年的郭店站

1901 年的胶州站

　　郭店站，距青岛 378 公里，建筑外立面采用了通体清水砖墙，白线勾边形式，拱形门窗边框镶嵌粗石点缀，四面墙角隅石交错相护，透出德式建筑的影子。侧面墙体上，用青砖拼成的椭圆形图案中，清晰地写着中文"郭店"和德文"KOTIEN"。在进站口位置搭设了单坡一字形木结构雨棚，下设三面木围栏。中式筒瓦敷设的硬山屋顶上，采用了透风脊。在正脊、垂脊甚至烟囱上还有鸱吻、砖雕等装饰物，中式建筑风格十分浓厚，更像是晚清时期华北乡间的小型庙宇，甚至在济南府周边众多屋宇相衔的中式建筑之中，也没有显得特别突兀。从这方面可以看出德方在努力消除铁路与中国官民之间的距离感和陌生感。

由于撰写此文时没有找到靠近青岛的胶济铁路小型车站清晰全貌照片，笔者选择了中型规模的胶州站，看看与靠近济南的郭店站在建筑风格上，呈现出怎样截然不同的风格。

胶州站，距青岛80公里左右，站房呈一字形结构，局部两层。主站房一侧两个连续的Λ形山墙组成了一个大写的M形，在两个Λ形山墙中间还开有一个Λ形老虎窗。屋顶斜陡高耸，屋脊仅仅采用了具有冀鲁豫民居典型特征的透风脊。探出立面的屋檐以木架支撑，中间以仿木结构进行简单划分，体现了德式建筑的特点，很容易让人联想到青岛的德国建筑。虽然胶州站房整体具备了德式风格，但屋顶刻意采用中式筒瓦，这种生硬并带有拼凑感的中式建筑元素，让站房的风格略显怪异。或许这种不中不洋风格的车站，就像初来乍到山东的洋人那样，让中国人，尤其是官员和乡绅们感到不那么适应。

经过典型对比可以看出，胶济铁路东西两端车站最大的差别是中式屋顶，从青岛开始，越靠近济南，站房建筑的中式风格越浓郁。当年，是什么因素决定了胶济铁路站房建筑风格的设计思路呢？那就要追溯德国人修建胶济铁路的前因后果了。

投资方式确立了站房设计简洁实用原则

1899年6月，德国14家银行出资5400万马克组建成立了山东铁路公司，负责胶济铁路的修筑和日后运营，并于同年8月开工建设，9月举行了正式的开工仪式。

本来《胶澳租借条约》明确规定，关于铁路建设，应成立德华股份公司，

20 世纪初的城阳站

20 世纪 30 年代的郭店站

20 世纪 40 年代的王村站

并就具体办法立即"另订合同";而德国政府颁布的《铁路许可权》也规定，山东铁路公司为中德股份公司，"德国人和中国人都可以参与股票的公开认购"，并"在合适的东亚贸易区开放股票认购"。但山东铁路公司出于自身利益的考虑，对于中国人参股一事完全没有兴趣，同时还担心新的章程会使公司的活动空间受限，于是他们决定把铁路公司和铁路建设完全当作德国的内部事务来处理，竭力避免与中国官府就铁路建设的一般性问题签订任何协议，只有当遇到突发事件时，才根据具体情况与山东省官府协商解决办法。

胶济铁路建设之初，德国柏林管理层出于经济上的考虑，指示山东铁路公司在沿线车站建筑设计上力求经济简洁。1899 年，铁路公司柏林管理层在致德国海军部国务秘书蒂尔匹茨的信中写道："车站建筑的设计要符合现实条件，对于小城市，铁路在初期无法负担昂贵的车站大楼，青岛多年来最多也只居住了1万居民，庞大的接待大楼只是徒劳无益的摆设，从总督府和我们公司的利益出发，都应该避免。"基于这种思路，山东铁路公司"计划只在铁路的起点和终点——青岛和济南府的车站建筑上要更加有些特色，更为雄伟一些"，其余的中小车站均据其等级，采用了按定制标准图纸建设的方式。简洁实用甚至带有临时色彩的风格，主导了胶济铁路沿线车站的设计。

德国《胶澳发展备忘录》曾这样评论胶济铁路沿线车站："尽管全部的车站设施、站房、货棚、厕所和护路房等都是按最简单的式样建成，但这些建筑质朴实用、工程利落，给人良好的印象。"

文化因素影响了站房设计风格

1899年6月至1900年秋，胶济铁路建设开始不久，德国山东铁路公司与当地民众就发生了三次规模较大的暴力冲突，使胶济铁路停工达一年之久。为保证铁路的顺利修建，山东铁路公司总办锡乐巴与山东巡抚袁世凯签订了《胶济铁路章程》，1904年6月1日，胶济铁路修至济南，全线通车。

究其原因，修建胶济铁路的过程中，铁路线常常穿越房屋、农田和坟墓，而"迁坟移舍，尤为乡民所不乐为"。铁路公司为了降低成本、赶工期，不愿费工夫逐个查清颇为复杂的土地产权关系，有时甚至未等土地买卖完结就破土动工。更有甚者，铁路公司付给农民的土地价格往往低于实际价值，公司的翻译还"私行诡诈"，"为索人钱财，或吓由房宅，或吓经坟墓，多方凌逼"。铁路公司所招募的路工很多不是本地人，经常与当地人发生矛盾，不仅收入较当地人高，而且依仗铁路公司的庇护，即使路工们有偷鸡摸狗、欺行霸市、作奸犯科的行为，也很少受到惩罚。

可以想见，针对当时中西间政治和文化冲突的情况，在建设铁路设施时充分考虑中国文化，一定是山东铁路公司管理层除经济因素以外无法回避的难题，毕竟铁路修通后还要通过运营获取更大的经济利益。在胶济铁路的建设过程中，铁路公司不仅采取雇用当地铁路劳工、培养中国铁路员工的方式，还在沿线车站的设计上采用了"中西合璧"的建筑风格，而且随着铁路不断向山东腹地延伸，其风格越来越向中式建筑靠拢。据说这种"创意"来自锡乐巴。在华期间，锡乐巴对中国的建筑艺术产生了浓厚的兴趣，并进行了深入研究，从而影响了胶济铁路站房的设计。这种"中西合璧"的建筑风格，是要吸引更多中国人成为铁路的乘客，减少对这种新交通工具的不信任。应该说，德方山东铁路公司采用的这种站房设计方案，不仅吸取了筑路过程中在高密等地发生纠纷冲突的教训，还是德国铁路工程师学着与中国百姓融洽相处的结果。

铁路运行几年后，屋瓦经过长年的风吹日晒成为最早需要替换的建筑构件，胶济铁路沿线的中国人也逐渐接受了火车这种交通方式。所谓的中式建筑元素已不再显得那么必要，而且中式屋瓦构件比机制瓦制作复杂，采购成本高，山东铁路公司摒弃原有"中西合璧"的方案也就顺理成章了。从现存的照片可以看出，在胶济铁路全线开通十年后，简化屋顶原有中式建筑元素就已经成为普遍的做法。至于郭店站，对比德建早期与全面抗战期间的照片，简直可以用卸了盔头的戏曲演员来形容。

小站大用的济南沿河车站

近代济南，黄河与小清河是两条最重要的河运商道，内地的农副产品通过河运源源不断地流向各个市场和通商口岸，为商品生产和流通提供了可靠的货源。同时，通商口岸聚散的洋货也借这些河运通道输往内地，对内地市场经济产生影响。直到胶济、津浦两条铁路在济南相继通车，济南随之成为山东最大的集散市场，而连接铁路和河运的接驳点，就是胶济铁路黄台桥站、津浦铁路黄台桥站和泺口站等三个沿河小站。

黄河与小清河的传统河运商路

黄河贯通鲁北平原东西两端，是山东与河南、山西、陕西诸省贸易的水运通道。河南开封府与怀庆府、山西泽州府与潞安府、河北大名府等地运往山东的货物，包括运抵通商口岸的草辫、茧丝、花生等出口土货，大都由这条水路运至泺口，然后再从泺口转往各需求市场，或者从黄台桥转装小清河民船，由小清河运抵羊角沟，海运出境。沿黄水路的主要集散市场有菏泽、郓城、东阿、平阴、长清、济阳、惠民、滨州、利津等，运载货物的汴梁船、盐花子船、扬码头船等民船，最大的可载重 10 万斤，普通船只一般载重 1 万至 5 万斤，主要运送的货物为盐、粮食、砂糖、煤油、火柴、棉纱、棉布、牛羊皮、药材、纸张、海产品以及各种杂货等。

小清河西起济南黄台桥，东至海滨羊角沟，水程长 240 公里，是一条内通山东腹地、外连渤海诸港及东南沿海地区的重要水运商路。小清河的内河航运促进了沿岸市镇码头与周邻地区间的地方性贸易，沿河各县可以相互调剂各自所需的农副产品及日用百货。小清河的沿海航运则形成了对外输出输入系统，

20 世纪初的济南小清河

其中对外输出量最大的盐，或从海路运江苏，或从济南黄台桥运泺口码头，再转由黄河民船运河南。鲁西小麦、河南豆类及杂粮，一般通过小清河输往烟台及胶东沿海地区。在小清河沿河地区，区际贸易、对外贸易兼而有之，伴随着两种贸易的发展，过去各地商业上互无联系的闭锁状态逐渐打破，以水路航运为纽带的新型商业网逐步建立起来。济南黄台桥成为小清河航运贸易的中转市场，凡由济南经小清河出入的货物，都要在黄台桥码头装卸起运。上游地区航运贸易辐射到历城、章丘、齐东、青城、邹平在内的广大地区，另外惠民、济阳与小清河水运也有着密切的联系。

风生水起小清河

1904年胶济铁路全线通车后，济南府东站距小清河只有2.5公里，虽然路程很短，但货物在小清河与铁路之间来回搬运还是很不方便，为此有中国商人建议从小清河修小铁路通至济南府东站。德方山东铁路公司从投入成本与货运效益方面考虑，有意修建这条连轨线，以便将小清河这条山东传统的运输商道引入铁路，引向青岛。然而《胶济铁路章程》第十三款规定，山东铁路公司"不准擅行另造支路"，"每造一叉路，必须预禀山东巡抚，以备查核"。于是，山东铁路公司向山东巡抚周馥请示修建小清河铁路，并称若建小铁路，恐怕与大铁路轨道不接；若招商承办，可能导致两家机构意见不合。周馥考虑到铁路公司所请毕竟对商业有利，而且该工程太小，不值得另招商集股，何况按《胶济铁路章程》，修铁路仍须购买德国材料，最终同意仍归德国铁路公司一手办理。但同时强调，小清河铁路的路权要归中国。

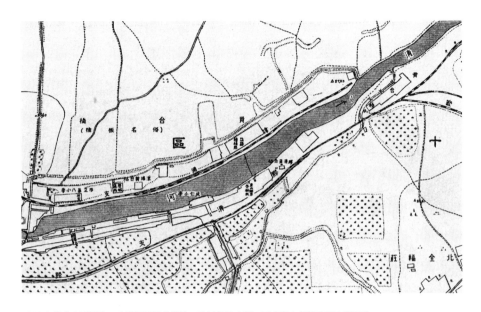

1933年济南市区图中，小清河两岸的胶济、津浦铁路支线、两座黄台桥站和黄台桥码头

20世纪40年代的胶济铁路黄台桥站

21世纪初的津浦铁路泺口站

　　1905年1月，山东铁路公司同山东省农工商务局签订《小清河叉路合同》，由山东铁路公司承建自济南府东至小清河南岸黄台桥的铁路，农工商务局筹款2万两，不足款项由铁路公司筹备。铁路建成后由铁路公司租赁经营，商务局捐的2万两折作60股由铁路公司根据营业状况支付利息。该路属于中国产业，不作为胶济铁路的组成部分，日后商务局有权收回，并补偿铁路公司修路的费用。山东铁路公司测算后认为，铁路公司需要投入的剩余款项至少还要花费2万两，但这些投资对铁路公司还是值得的，日后取得的经济利益会远远大于这些资产的产权价值。1905年，建成连接黄台码头与胶济铁路的支线，以及通往黄河泺口港的轻便铁路，黄台码头成为铁路水路联运的枢纽。

胶济铁路的开通使大量原先经小清河水路运输的货物改由铁路输送，使水路航运受到新的冲击。原有的小清河贸易一方面因为入海口吃水浅造成货物须驳卸换船，拖延了运输时间，增加了相关费用，给商品运输造成诸多不便。另一方面，自青岛开埠后，受烟台贸易市场衰落的影响，小清河贸易也随之陷入长期不振的境地。

铁路连接河运融入山东传统商路

运河纵贯山东西部，清朝中叶之前南北商货往来大都通过运河运输。1855年后因黄河改道灌入运河，致使河道淤塞，航运受阻，漕运也由此改为海运。1901年被迫停止漕运，此后山东段运河淤塞更加严重。1912年津浦铁路全线通车后，由北而南将山东境内的德州、平原、禹城、济南、泰安、曲阜、兖州、济宁、邹县、滕县、峄县等地通过铁路连接在一起，取代了传统的京杭大运河运输。津浦铁路与胶济铁路了签订《胶济津浦两路货物及乘客转运章程》，载货车辆在两路之间不再需要转装货物。20世纪初，胶济与津浦两条铁路为了方便货物集散，分别在黄台桥、泺口修建了三个货运车站，通过过轨线相互连通，黄河、小清河和胶济铁路、津浦铁路连接起了山东水运和铁路两大运输系统。铁路运输成功融入山东传统的河运商路之中，极大方便了周边省份商品在济南的集散，济南成为山东内地市场系统的核心。时人评论："凡山东西部及山西、河南等省之土货，欲输往外洋者，先集中于济南，再运集于青岛，故济南为鲁晋豫三省出口土货最初集中时长，青岛为其出口之商埠，洋货欲运入我国中部者，先集于青岛而后集于济南，故济南为中部洋货散布之商埠。"

在济南，南来北往的商品集散规模不断增加，在山东形成了德州、济南、兖州三个大的集散市场，沿着津浦铁路这条商路，北与天津相通，南与徐州、蚌埠、南京相连，并可通过沪宁线与上海相接。津浦路在济南与胶济路连接，货物运输由南京、天津可直达青岛，不仅加强了整个华北地区与青岛港的贸易联系，使苏北、皖北的部分地区也纳入到青岛市场的影响范围之内，而且沟通了沿海城市与广大内地之间及各个商路之间的联系。过去鲁南地区的土货大都经由运河到镇江输出，铁路建成后，越来越多的货物由南运改为北运。与此同时，津浦铁路使一些传统的水陆商道受到冲击，货运量逐年减少，部分过去曾十分兴盛的商路，如运河商路、济镇商路、济铜商路开始趋于衰落。许多原先依赖于传统商路贸易繁荣起来的商业市镇也变得一蹶不振，失去了昔日繁荣熙攘的景象。

近代山东海运商路主要由省内沿海货运航路、省外沿海港口商运航路和通往亚洲和欧美的外洋航路三部分组成。随着烟台、青岛等新兴港口城市航运中心的确立，胶济铁路和海运商路使近代山东融入世界经济发展的大格局中。

山东沿海航路主要有三条，分别通往渤海湾的天津、山海关、大连等港口，江浙沪等港口和宁波、福建、广东等沿海远程港口，当地商号也由此分为山东帮、关里帮、南帮，山东与相隔较远的地区实现了大宗商品的远距离运输。从19世纪中叶到20世纪初，江浙航线、闽粤航线因埠际轮船航运业的竞争出现了衰退的趋势。同时随着烟台、青岛、龙口等通商口岸的依次开埠，传统的民船港也逐渐衰落，航运中心开始向新兴口岸转移。

在青岛，大港、小港和胶济铁路相继建成，并有铁路专用线连通，最大的货轮也可以在码头将货物直接装上火车，实现了港口与铁路相连接的海陆联运，既方便了货物运输，也扩大了港口的吞吐能力。优异的港航条件和贸易基础，吸引各国来青岛发展自己的航运势力，青岛港的近海和远洋航线因之增

1936 年青岛港第三号码头的海陆联运

加，与国内烟台、天津、牛庄、大连、海州（今连云港）、上海、汕头、香港诸港的货运联系日益加强，贸易范围扩展至亚洲的仁川、神户、大阪、横滨、长崎、新加坡、槟城、科伦坡、亚丁、海参崴（俄称符拉迪沃斯托克）；欧洲的热那亚、马赛、利物浦、伦敦、安特卫普、不来梅、鹿特丹、汉堡；非洲的塞得港以及北美港口。

近代山东由此形成了包括周边诸省在内，与国内沿海港口和东亚、欧美的商路通道，传统交通格局被打破，经济重心由沿运河纵向分布变为沿港口和铁路横向布局，济南成为全省最大的集散市场，青岛则迅速发展成为山东最大的对外贸易口岸，构成了以胶济铁路为主干，腹地中心与海港城市共生的"济南—青岛双核结构"，密切了整个华北地区与山东的贸易，沟通了沿海城市与广大内地之间的联系，更使整个山东融入世界贸易的网络之中。

暗藏玄机的济南府东站

1904年2月25日，胶济铁路第一列施工列车抵达济南府，中德双方为此举行了庆祝仪式，而这个标志性事件的地理坐标就在济南府东站。此后，胶济铁路继续向西延展到济南府西站，同年6月1日全线通车。

100多年后，再探究在济南府东站举行庆祝仪式的原因，笔者提出了以下疑问：济南府东站位于老城东北，作为胶济铁路修筑抵达省城济南的标志性事件，意义自然重大。不仅山东巡抚周馥亲自参加庆祝仪式，甚至德皇威廉二世还发来了贺电，毫不掩饰德国通过胶济铁路向山东腹地进行殖民渗透的喜悦。但仅仅三个月后，胶济铁路在济南府西站全线通车，照常理应是"大功告成"的最重要节点，却未见任何仪式，甚至连一张庆祝照片也没有留下。如果说5月份清政府突然宣布济南自开商埠，打消了德国人庆祝的兴致，但2月底在济南府东站举行庆祝仪式总不是未卜先知吧？

德方当年的资料给出了这个问题的答案，济南府东站这一名称在胶济铁路

1904 年刚开通时的济南府东站

1914 年日本占领胶济铁路时的济南府东站

抗日战争时期已经更名为黄台站的原济南府东站

规划设计之初并不存在，同一位置的车站应该叫济南府站，而且考虑作为胶济铁路西端终点站规划设计，只是后来决定将胶济铁路向西延伸才定名为济南府东站。济南府东站作为胶济铁路 1904 年全线通车时进出济南最大的车站，德方在站房设计上颇费心思，在看似平淡无奇之中，暗藏了一个没有说出来的"建筑密码"。

之所以说济南府东站看似平淡无奇，是因为站房建筑与青州府站、周村站对照，实在是太相似了，相似度已经不能用"亲兄弟"来形容，简直就是"三胞胎"。

青州府站、周村站、济南府东站分别距离青岛 250 公里、320 公里、400

公里，分别于1903年4月12日、1903年9月22日、1904年3月15日并站运营。三座车站建筑规格趋同，平面均呈一字形，砖木结构，主站房二层，或东或西有单层配套站房。建筑外立面除了采用了通体清水砖墙，白线勾边形式，中式筒瓦敷设的仿庑殿式四面坡屋顶上，还在正脊、垂脊上增加了鸱吻、砖雕、仙人走兽等饰物，中式建筑风格十分浓厚。德式元素已被大大削减，只剩下镶着粗石边框的大半圆拱形门窗、隅石护角、花岗岩勒脚等元素仍能看出德式建筑的影子，使站房更符合中国传统审美的色调与形式，其风格更接近晚清华北的商业建筑，从这方面可以看出德方在努力拉近铁路与中国官民之间的距离感和陌生感。

三座风格相同车站的不同之处体现在，周村站双层主站房和与其配套的单层站房的位置与青州府站正好左右相反，看起来就像是青州府站的镜像版本，而济南府东站西侧站房前往月台的雨篷，则被设计成一座德国风格浓郁的石门廊，上面分别用中德两种文字写着"济南东站""TSINANFU-OST"。下面是向两侧逐渐蹬开的粗石扶壁夹着半圆券的石拱门洞。上面是一高二低的三个山墙面小尖塔，挺拔向上，造型古朴，健壮而有力，颇有中世纪德国古城堡的感觉，作为车站立面的装饰重点，石门廊虽然有些喧宾夺主，但也独具特色。令人不解的是，本来越靠近济南，站房建筑风格越向中式建筑靠拢的设计思路，为什么到济南却一反常态，在这座设计之初曾经考虑作为胶济铁路终点站的济南府东站，采用了德国风格浓郁的石门廊呢？

回溯"门"这一建筑构件，虽然有它自身特定的基本功能，但在建筑美学中能够通过象征性修辞手法表达丰富的意义，使之从众多建筑构件中脱颖而出，甚至发展成为依附于建筑或建筑群的门建筑，如西方的凯旋门、中国的牌楼门。建筑作为一种较为抽象的艺术，其形式与内容往往不能割裂。有着"关卡"内涵的门式建筑常被用于城市交通枢纽，使现代城市有了门关意义的建筑。所有的车站、码头、机场等，仅就意义而言，都应当看作是取其意而舍其形的门式建筑。门的社会功能与美学意义已经深深地印在人们心底，存在于建筑设计师的视野之中。

再看看 100 多年前济南府东站设计的那个石门廊，作为通过胶济铁路进出济南的"必经之门"，它的象征意义远远大于实用功能，德国的建筑师们对这一点的确没有视而不见。笔者推断，这种德式石门廊的设计方案，正是德国山东铁路公司在内心深处不甘心一味迁就中国民众，要通过这种方式宣示一下德国对胶济铁路拥有的路权，实现一种心理上的平衡。他们后来在东移扩建的胶济铁路济南站入口大厅地面上，镶嵌上五组德国象征荣耀的铁十字勋章图案的做法，与济南府东站石门廊的设计思路一个样。

随着济南府西站的消失，济南府东站这一名称似乎也没有了存在的必要，1917 年更名为黄台站，成为胶济铁路济南段保存至今最早的火车站。

1992 年 7 月，济南站扩建改造，将北关站东移 1.128 公里，改名为济南东站，2018 年 6 月更名为大明湖站。2018 年 12 月，随着济青高铁建成，济南东站投入使用。至此，济南出现过三个火车"东站"，见证了山东铁路的百年发展。

鲜为人知的济南府西站

1904 年早春，5 年前起建于山东胶州湾畔的胶济铁路终于修到了省城济南。2 月 25 日，当第一列施工列车抵达济南府的时候，作为标志性事件举行了庆祝仪式，中德官员在路基上留下了一张合影。胶济铁路济南府西站在双方各自的规划中也逐渐清晰起来，一场"惊心动魄"的车站博弈大幕也随之缓缓拉开。

德方铁路公司的如意算盘

照片正中偏右头戴礼帽的洋人叫锡乐巴，是德国铁路工程师，德国山东铁路公司聘用的胶济铁路总办，主持了从铁路勘测、修筑到通车的全过程工作，也是最早提出修建胶济铁路济南府西站的德国人。在中国近代化过程中，有一批像锡乐巴这样来华的西方工程师，以其专业技术参与中国的各种近代化事业，如铁路、矿冶、军工等。作为西方国家对中国殖民扩张的手段，他们在此过程中扮演了探路者和建设者的角色。

在胶济铁路建设的同时，中国主持的津镇铁路（天津至镇江，津浦铁路前身，后来由于沪宁铁路即将建成通车，清政府遂将铁路终点镇江改为浦口）规划开始提上议事日程。经过与英国的博弈，德国最终取得了津镇铁路北段的修建权。胶济铁路动工之时，《津镇草合同》已经签订，这条南北走向的中国国有铁路同样经过济南，日后将这两条铁路相接早已在德方的计划之内。1903年，锡乐巴在规划济南府车站时，鉴于济南的扩张及日后与其他铁路的连接，提出在济南建东、西两座火车站，并通过谈判获得了清政府的同意。接着锡乐巴又面临选择东站还是西站作为胶济铁路中央车站的问题。对此，胶澳总督的立场是：所选车站要能确保胶济铁路对当时尚在筹建中的津镇铁路产生较大影响。由此，主张把济南府东站作为中央车站，这样就能迫使津镇铁路经过胶济铁路的一部分，从而影响或控制这条中国国有铁路。若把济南府西站作为中央车站，胶济铁路就会完全处于连接南北的铁路线之外，从而降为一条支线铁路。锡乐巴起初也同意将济南府东站作为中央车站，但最后还是决定把济南府西站作为中央车站。因为锡乐巴经过细致调研分析，认定从技术和土壤条件考虑，津镇铁路的列车进入济南府东站困难较大，在这种情况下，若选择东站作为中央车站，很可能会产生津镇铁路的列车完全接触不到胶济铁路中央车站的情况，而把济南府西站作为中央车站，就可以确保对中国列车的影响。由此，山东铁路公司的建议是：把济南府西站作为胶济铁路的终点站，日后也将成为津浦铁路的主要通过站，起初只需要修建一座临时站房，以便为将来建造最终大站房时积累交通人流量所需空间大小的经验。这说明，最初不在济南建设一座像青岛

1904 年 2 月 25 日，胶济铁路第一列施工列车抵达济南府，中德双方官员参加庆祝仪式

站那样规模的大型车站，计划未来胶济线与津镇线在济南实现并轨时再共建一座中央车站，是德国方面的共识。于是，山东铁路公司把济南府西站作为胶济和津镇铁路的共用车站进行了规划，并为此购置了一处长 1850 米、宽 300 米的土地。济南府西站的轨道之间还暂时保留了必要的空隙，以便日后需要时能插入津镇铁路的轨道。甚至在津浦铁路开工前两年的胶济铁路线路图中，德国人就已经提前绘制出了胶济、津浦两条铁路在济南府西面并轨的状态。

1904 年 6 月胶济铁路全线通车后，包括锡乐巴在内的山东铁路公司 10 多名工程技术人员，还参与了津镇铁路北段的勘测任务。所以，锡乐巴始终认为，如果德国人能掌握津镇铁路北段的建设权，那么让这两条铁路在济南府西站相接是再自然不过的事情。

济南自开商埠出奇制胜

德方计划在远离济南府西面的一片荒地上修建西站的提议，很顺利地得到山东巡抚周馥的认可。周馥作为多年紧随洋务派首脑李鸿章的山东最高行政长官，真的没有看出或者会默许德方的如意算盘吗？

在合影照片正中，身着清朝官服的人就是山东巡抚周馥，虽然亲自参加了庆祝仪式，但他心里很明白，德方是想通过修铁路的方式将势力扩张到山东内地，并通过与津镇铁路接轨实现向中国华北的渗透。为此，周馥到任山东当年就打破僵局，主动出击，成为德国武力侵占胶澳后第一位访问青岛的山东巡抚，还参加了胶济铁路潍县至昌乐的通车典礼，让胶澳总督特鲁泊大为惊诧。俗话说，知己知彼，百战不殆。访问期间，周馥对德国人几年间在青岛的殖民建设颇有感慨，随后给朝廷的奏折中提出对策："此时万无抗拒之理，惟有讲求工商诸务，通功易事，与之相维相制，而因以观摩受益。"

周馥出席胶济铁路修至济南庆祝仪式的同时，暗地与前任山东巡抚、已经升任直隶总督的袁世凯在天津行馆秘密会晤。1904 年 5 月，两人联名奏请清政府："……自光绪二十四年，德国议租胶澳以后，青岛建筑码头，兴造铁路，现已通至济南省城，转瞬开办津镇铁路，将与胶济之路相接。济南本为黄河小清河码头，现在又为两路枢纽，地势扼要，商货转输较为便利。亟应援照直隶秦皇岛、福建三都澳、湖南岳州府开埠成案，在于济南城外自开通商口岸，以期中外商民咸受利益……"要求济南、周村、潍县三地自开商埠。这份奏折 5 月 1 日上奏，4 日皇帝朱批，15 日外务部议准，19 日抄录通行，此时距 6 月 1 日胶济铁路全线开通仅剩 12 天。效率之高令人咋舌，更令德方措手不及，这就是济南流传的那句"火车来，商埠开"老话的来历。当年的《东方杂志》对此评论："德国尝以独占山东全省利益，屡向北京政府要求权利。其所经营者，著著进步。周中丞见此情形，深知其害，遂将济南，潍县、周村镇三处，辟为商埠。俾利权不至为德人所垄断。密奏朝廷，即获谕允，忽然宣布万国。德人闻之，亦惟深叹其手段之神速而未可如何也。设事前稍不谨慎，泄露风声，德人必起阻挠。"而德国人已经修建完成的济南府西站，恰与日后商贾辐辏的商埠接轨。济南开埠的首倡者敏锐地认识到铁路枢纽推动城市发展的历史机遇，把原计划始于青岛栈桥，终于济南城东的胶济铁路延伸到了济南商埠。

济南开埠和胶济铁路的开通，为城市快速发展提供了便利条件。火车站周边更成为商贾云集、贸易繁荣的黄金地段，吸引并涌现了一大批中外商号和民

1914年的济南府西站

族实业家，古城济南第一次感受到了世界经济脉搏的跳动。增设的济南府西站作为铁路与商埠的联结点，加快了济南从一个封闭落后的内陆城市，转变成新型现代城市的步伐。

德方似乎到嘴的"鸭子"飞了

1908年6月，由清政府出资建设的津浦铁路正式开工，而且包括济南在内的北段建设，聘请的正是德国方面的铁路工程人员，中德共用的大型济南火车站呼之欲出，但令德方料想不到的是，这个似乎到嘴的"鸭子"却飞走了。

津浦铁路的建设过程中，中国民众维护路权的呼声高涨，中方为了有效控制路权，毅然放弃了在济南共建车站这一节省费用的方案，另行修建了津浦铁路济南站。堪称经典的津浦铁路济南站一经诞生，便让位于纬七路北口、低矮朴素规模较小的胶济铁路济南府西站相形见绌，为了与中方抗衡，德方决定东移扩建胶济铁路济南站。1914年正式开工，扩建选址故意改在了津浦铁路济南站正南面200多米处，"一"字形设计意在挡住对方的风头，还把五组德国象征荣耀的铁十字勋章图案，镶嵌在新建车站入口大厅的地面上。

令德国更没有预料到的是，这座胶济铁路济南新站正在紧锣密鼓建设的时候，第一次世界大战在欧洲爆发。日本趁德国无暇东顾之机，对德宣战，进攻青岛的同时，沿胶济铁路西犯济南。1914年10月6日半夜，日军先头部队24名士兵占领了胶济铁路济南府西站。次日晨，日军接管了德方尚未竣工的胶济铁路济南站。

1915年，胶济铁路济南站投入使用，济南府西站也由此结束了它的历史

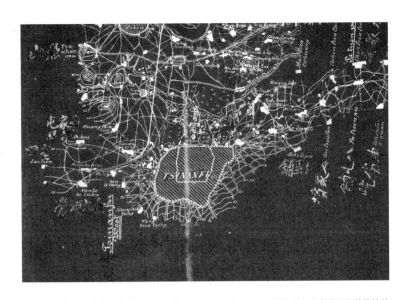

　　1906 年德方山东胶济路线图中，提前绘制出胶济、津浦两条铁路在济南府西面并轨的状态，而津浦铁路 1908 年才开工建设

　　1914 年济南商埠图。胶济铁路与津浦铁路并行，"胶济西车站"在"津浦车站"的西南方，正在扩建的胶济铁路济南站在津浦车站正南方，因还没有启用，图中尚未标注

1914 年 10 月 6 日，日军占领胶济铁路济南府西站

使命，很快消失在人们的视野之中。

　　回头再看那张庆祝仪式照片中并立的周馥和锡乐巴，虽然内心都对胶济铁路济南府西站充满了期待，但各怀心腹之事。在此后的对弈中，济南自开商埠、津浦铁路独立建站两项举措，均成为中方对抗外国殖民势力随铁路扩张的有效手段。

从火车站到博物馆

"建筑是凝固的音乐，当一座建筑穿越百年岁月留存至今，它身上体现的'音乐'就格外醇厚绵长。"

这是 2021 年 9 月 6 日《济南时报》、新黄河、济南报业影像档案馆倾力打造的融媒栏目"济南记忆"中的一篇文章的开头。记者钱欢青笔下的这座百年建筑就是胶济铁路博物馆，也正是前文《鲜为人知的济南府西站》中提到的那座德方决定东移新建的胶济铁路济南站。

胶济铁路济南站剪影

1915 年竣工完成的胶济铁路济南站是一座欧洲古典主义风格的建筑，不对称格局，东部两层，西部三层，中部主入口高大，稍向南突出，连续开三个

20 世纪 30 年代，胶济铁路济南站南面及车站广场

圆券式洞门。屋顶坡度陡峭、双层复式的高大阁楼层与两翼屋顶形式明显不同。二层中部檐板半圆形隆起，置一圆钟以强调中轴线。石柱廊由八根高大粗壮的爱奥尼克石柱支撑，转角处为双柱，中间为单柱，柱身无槽。涡卷状柱头承托起上部厚重的檐口，建筑底层配以粗犷有力的蘑菇石，雍容华贵，十分气派。孟莎式大屋顶上开有曲线形的老虎窗，阳台内分列着三个拱形落地窗，彩色玻璃都是从德国进口的洋货。建筑立面轮廓粗犷有力，局部处理细致精妙，严谨中透着风雅，厚重里带着灵动。

从柱廊阁楼的主入口走进一楼大厅，人流穿梭，等待进站上车的旅客疏导有序。时间尚早，持普通票的旅客会坐到大厅东侧一排排坚实厚重的连椅上候车，个别旅客乱坐乱放、衣着不整引发的吵闹和抱怨声偶尔会飘进耳朵。高价票的旅客不会在这里停留，大厅往东可以到贵宾候车区，这里视线通透，高大

20世纪30年代，胶济铁路济南站北面及站台

宽敞。还可以到西侧的胶济铁路饭店享用地道的西餐，那里有全景式的落地长窗，凭借窗上彩色拼花玻璃的透射，房间愈发显得柔和舒适。衣着整洁的服务生们穿梭往来，远离楼下喧嚣和嘈杂的贵妇名媛们，或到南北两侧一间间装饰豪华的餐厅和小包厢内私语；或向南举步迈出厅外，在由爱奥尼克精美石柱高挑的二层平台上远眺商埠，沐浴阳光。还有些刚到济南的客商，会到车站专设的商务区。这栋米色墙面的三层建筑虽然就是站房的一部分，但设有单独的入口，方便而幽静。或在一层商铺购物、旅馆住宿，或使用车站在二三层单独保留的一批专用客房。各色人流在这里省去了辗转候车、购物、住宿的疲劳和麻烦，度过了一段感受胶济路济南火车站的美好时光。

津浦、胶济两座济南站并立的状态一直持续了20多年。1938年，日本占领军为了侵华需要，将这两座济南站合二为一，至1940年改造完成，从此津浦铁路济南站成为唯一的济南站，而胶济铁路济南站则被改建成了铁路办公用房。而胶济铁路济南站留给人们的最后记忆不美好，甚至有些悲壮。1937年七七事变爆发，北平很快沦陷，为了迟滞日军南下，中国守军破坏了津浦铁路，仍然滞留在北平的梁实秋、沈从文、梁思成、林徽因等学者只能取道天津，乘船至烟台或青岛后，沿胶济铁路到济南，再转津浦铁路南下逃亡。当时在这一非常时期，胶济铁路成为南下逃亡的"生命线"。

见证侵略的切肤之痛

1938—1940年，胶济铁路济南站被日军改建成铁路办公用房过程中，为了使用方便将大门、窗户、楼梯、走廊、喷水池等处大肆破坏，有的地方改变了建筑功能，有的地方增加了室内面积，还有的地方随意破墙开门，甚至把日军军粮和西洋酒的木质包装箱板作为地板材料使用。

老建筑是有生命和记忆的，虽然已经过去了80多年，但至今仍能看到当年改造留下的蛛丝马迹。

比如车站入口回廊的木质大门，原来设计在内侧，后来移到了现在所处的外侧，从实地可以看出嵌入内侧青石上的钢筋门挂，以及雕刻的门轴槽、门档槽痕迹。

又如最初的车站入口大厅，设计成直通二楼穹顶的一个空间，视线开阔，美观大气。后来在一二层之间加装了木质楼板，被分割成上下两层，一楼用六根钢梁支撑，空间变得十分狭小。

最初车站大厅有喷水池，后来因为增加隔墙被破坏成现在的样子，喷头原

胶济铁路济南站入口回廊处的改造痕迹

来的样子也许是狮子头造型，也许是贝壳样式，目前的资料无从考证。

胶济铁路济南站作为一座火车站，设计的时候分为东部候车区和西部餐饮住宿区，各有入口，互不相通。就像现在的济南火车站和铁道大酒店，外观虽然是一个建筑，但相互独立。后来车站功能消失后，在建筑大厅西侧的石墙上开凿了东西互通的大门，成了现在的样子。

现在胶济铁路博物馆"网红"楼梯的位置，原来被分隔成上下两层，在后来改造的过程中，拆掉楼板加装了木质楼梯。上方最左侧的窗户原来是通往二层露台的边门，此处被改造的窗台、窗楣与旁边原有窗台、窗楣造型和用料的差异。

在筹建胶济铁路博物馆的过程中，发现一楼西边一个房间的装修木板隔墙

胶济铁路济南站西侧小房处的改造痕迹

被拆除后，露出了隐藏在里面的红砖墙拱，也是该建筑后期改造留下的痕迹。

　　车站入口回廊西侧的小房间原来是售票处，该房间最初从主楼外侧的小门进入，后来车站功能消失后才改为从建筑内部开门，外侧原有的门被封闭改造成窗户，现在还有台阶留存。

　　车站主入口屋顶东西两侧的圆形装饰，最初各有7个，可能是损坏的缘故，目前只各保留了3个。

胶济铁路博物馆里还展出了一张图纸，是改造胶济铁路济南站期间一楼西侧部分平面图，原图标注了司令室、配车科、旅客科、货物科等，现在的建筑格局与之相比也有很大的变化。

……

1928年5月2日，日本侵略军第六师团长福田彦助率600名日军抵达济南，把"山东派遣师团车站司令部"的牌子挂到了胶济铁路济南站，并集结日军在站前广场耀武扬威地进行阅兵，与北伐军对峙。次日，日军制造了震惊中外的"济南惨案"，残忍杀害山东外交特派员蔡公时及其17名随员。这天，整座济南城内被日军杀害者达千人以上，房屋焚毁无数。

承载胶济铁路历史的"镇馆之宝"

1949年新中国成立后，原胶济铁路济南站曾长期作为济南铁路分局办公楼使用；2013年被国务院公布为第七批全国重点文物保护单位；2016年底扩建成为胶济铁路博物馆。建成100年后再次回到公众的视线，并相继入选第一批中国工业遗产保护名录、第三批中国20世纪建筑遗产项目、国家工业旅游示范基地、全国铁路科普教育基地、铁路爱国主义教育基地、山东省爱国主义教育基地、山东省工业旅游示范基地、山东省红色研学基地、山东省研学基地、泉城济南旅游金牌打卡地。穿越时光，百年火车站华丽转身为博物馆，承载了整个胶济铁路120多年的发展史，见证了从一条殖民铁路变成一条富民强国铁路的过程。

这座老车站堪称胶济铁路博物馆的"镇馆之宝"。走进其中看展品，就是

胶济铁路博物馆"济南两座老火车站的前世今生"展区

"在文物里面看文物",感觉十分特别。而以如此规模在原地,以原物、原貌火车站呈现建起的铁路博物馆,可谓独一无二。

在博物馆的三层阁楼上,专门开辟了一间专题展区,名字就叫"济南两座老火车站的前世今生",津浦铁路济南站的大钟也终于在这里安顿下来。两座当年由于路权之争博弈共生的老站,百年后竟然以这种方式邂逅,并紧紧地融合在一起,共同守望着过去,眺望着未来!

博物馆设计这个专题展区的时候,采取了两座老火车站相互凝望,交替对话的方式,它们是这样倾诉的:

你看着我

很久以前

你的父亲,你的爷爷也看着我

我诞生在这片土地最艰辛最动荡的年代

我的砖块浸染过你的血水和汗水

我的脚边掉落过炮弹，扬起过硝烟

当军舰挤塞在港口

炸裂的桅杆和甲板堵塞住航道

当热浪撕裂天空与三色相间的旗帜

我见过你的眼泪和呐喊

你看着我

我贯穿大地的铁轨

已经灼热而后冷却

我屹立百年的钟楼

已经扎根而后断裂

我曾经久久地站在这里

和你的历史并肩站在一起

你每一次用力地拥抱

默然地挥手

都有我笑眼含泪在凝望

记忆是不断累积的过往

如果我也有记忆

我会记得那些

奋力高呼的手臂

那些挺直脊梁的背影

和那天

吹散乌云的长风

生命会经历多少个瞬间

饮过一次朝露

看过一次落日余晖

一天也是一生

当石头变回石头

尘土归于尘土

我的老钟

永远停止转动

把时间

定格在一个

新的更好的年代

我们曾经守望你的过去

陪你哭着笑着走过一个世纪

烙下你沿路的足印

我会继续守望你的未来

陪你做

未做完的梦

胶济铁路早期车站之变

胶济铁路最初沿线车站设立的地点和标准，按照勘测调查的数据，由铁路所经地区的城市规模和人口密度来决定。共设 60 个车站，其中干线 56 个车站包括 9 个大站、7 个中等站、32 个小站、8 个停靠点；支线 4 个车站包括 2 个中等站、2 个停靠点。干线各站之间的平均距离为 7.2 公里，支线各站之间的平均距离为 9.8 公里。当我们回溯胶济铁路最初那些大大小小站房的时候，发现有的成为大型综合交通枢纽，有的身藏繁华都市，有的踪迹皆无，消散于历史的烟云之中，这期间究竟发生过什么变化呢？

站名之变：最初信息的承载者

100 多年过去了，胶济铁路车站名称虽然大多也经历了数次变更，但相对

里程區間	青島起點	下 ヮ	801客	841混	861中貨	865貨	1801軍	1803軍	青島坊子間（下ヮ）
2.8	0	青島	8.30	12.40	6.00	15.10	0.50	3.50	
	2.8	大港	38/43	48/53	…	…	…	…	
4.0		青島埠頭	…	…	06/32	16/44	56/1.30	56/4.30	
	6.8	四方	50/52	13.03/08	38/48	50/16.00	36/46	36/46	
10.6	17.4	滄口	9.09/10	31/32	7.09/10	23/24	2.06	5.06	
8.3	25.7	女姑口	22/23	47/54	25/27	38/44	20	20	
5.3	31.0	城陽	31/32	14.04/12	38/49	55/17.17	30/40	30/40	
11.9	42.9	南泉	47/48	31/32	8.10/11	40/50	3.00	6.00	
9.5	52.4	藍村	10.01/02	48/49	27/28	18.06/07	14	14	
5.0	57.4	李哥莊	11/12	59/15.00	38/48	17/18	22	22	
7.4	64.8	膠東	24/25	15/16	9.04/05	34/37	36	36	
8.3	73.1	膠縣	36/41	31/41	21/36	53/19.05	51/4.01	51/7.01	
12.5	85.6	芝蘭莊	57/58	16.02/03	10.00/14	29/30	24	24	
5.6	91.2	姚哥莊	11.08/09	14/15	25/30	41/42	33	33	
7.7	98.9	高密	20/30	29/43	10.44/12.14	56/20.10	46/5.00	46/8.05	
8.4	107.3	康家莊	41/42	58/59	30/31	26/27	15	20	
7.5	114.8	蔡家莊	52/53	17.11/12	46/47	48/48	28	33	
6.3	121.1	塔耳堡	12.02/03	25/30	13.02/14	21.03/04	40	45	
6.3	127.4	丈嶺	12/30	23/30	18/19	…	52	57	
13.2	140.6	峄山	30/31	18.07/17	59/14.26	48/22.00	6.20/9.30	9.25/42	
5.7	146.3	黃旗堡	39/40	28/29	38/39	12/13	41	53	
3.9	150.2	南流	47/48	49/53	24/25	25/30	50	10.02	
10.4	160.6	蝦蟆屯	13.05/06	19.03/04	15.26/30	58/59	7.20	32	
9.2	169.8	坊子	13.18/13.38	19.20/19.35	15.50	23.20/0.05	7.40/8.45	10.51/11.50	
		終著站	濟南	濰縣		濟南	濟南	濟南	

（註）中貨ヮ除キ貨物、軍用列車ハ青島、青島埠頭間ハ單編入ス

1938 年胶济铁路青岛坊子间下行列车运转时刻表

站房、线路、技术、机车、车辆来说，却是最初信息保留时间最长的承载者。

参考《青岛铁路分局志（1899—1990）》一书，胶济铁路德建车站名称，自定名至闭站撤销或延续至今始终没有更名的有 35 个，其中迄今仍然办理客运业务的车站仅剩下青岛、蓝村、高密、昌乐 4 个车站。

其他车站，有的名称曾有变更，后又恢复原名。比如：胶州站，1901 年

启用，因胶州府所在地而得名。南京国民政府第一次管理时期，废州存县，1936 年 8 月改为胶县站。1988 年 12 月恢复胶州站名称。谭家坊站，1903 年启用，1908 年更名为谭家坊子站，因发音易与坊子站相混，1933 年 8 月恢复谭家坊站原名。有的车站名称变更多次，比如：大港站曾用名大码头、扫帚滩、维林，女姑口站曾用名赵村，即墨站曾用名南泉，胶东站曾用名大荒，坊子站曾用名张路院，青州府站曾用名益都，枣园站曾用名枣园庄、赵庄、枣园寺，平陵城站曾用名龙山，历城站曾用名王舍人庄等。

另据《济南铁路局志（1899—1985）》记载："1914 年日军侵占（胶济铁路）后，废止台子（台上）、太堡庄、洰庄、十里堡（平陵城至郭店间）、八涧堡（历城至黄台间）站。1923 年北京政府接收，至新中国成立前，恢复太堡庄站，另增设安家（白云山）、辛庄（康家庄）、高家（呆家坡）、洰庄、李羊、沙岭庄站。新中国成立后，先后增设娄山、韩洼、台上、北流、王松、173 公里、306 公里、312 公里、毕杨、于家村、韩仓、东风站，废止白云山站。1980—1984 年修建双线时，因改线废止大临池、306 公里、虾蟆屯、王松站。坊子、173 公里、二十里堡改为坊子支线站。另新建 45 公里、潍坊东、163 公里、虞河、297 公里、池头、彭家庄站。"

改造之变：被取消的中式元素

从目前公开的资料能够发现，1914 年日本占领胶济铁路之前，沿线众多车站的屋顶就已改造，不是最初"中西合璧"的风格了。由此笔者推断，德占青岛后期，山东铁路公司曾经对胶济铁路绝大部分中小站房进行过翻修改造，扩建了部分站房，摒弃了原有中式建筑元素，甚至在一些站房建筑上增添了西式元素。

1914 年左右的高密站，屋顶中式建筑风格浓郁

1940 年左右的高密站，屋顶透风正脊和瑞兽已经消失，两个 ∧ 形老虎窗也被改造成一字形

比如城阳站，原站房仓库侧山墙人字形坡加中式透风正脊的屋顶，已经被改造成西式屋顶；原站房远端延长扩建了站舍，并在站舍中部的檐部上面，增加了一处三角形山花，山花顶部呈圆弧形，两侧还设计了一对大涡卷造型，具有明显模仿巴洛克建筑的风格。

再如胶州站和潍县站，两座车站主站房屋顶原有的透风正脊和瑞兽没有了，胶州站除对清水墙做了抹灰处理外，两个山墙中间的 Λ 形老虎窗、潍县站单层站房屋顶的两个 Λ 形老虎窗都不见了踪影。

至 1914 年，高密、青州府、周村、济南府东等站房屋顶的透风正脊和瑞兽，以及屋顶的 Λ 形或一字形老虎窗都保留了下来。从全面抗战期间能找到的照片看，黄台站（原济南府东站）屋顶的透风正脊和瑞兽仍然存在，高密、益都（原青州府站）、周村屋顶的透风正脊和瑞兽已经消失了，高密站单层站房屋顶的两个 Λ 形老虎窗也被改造成一字形，而周村站双层主站房屋顶的一字形老虎窗却被改造成了 Λ 形。

扩建之变：运能提升的必然选择

自 20 世纪初胶济铁路全线通车后长达半个世纪的岁月中，沿线车站或因为客货运量的快速增长而迁建、扩建；或由于频繁战争的破坏而修补、改造；或因经济发展而增加、撤销，有的风采依旧，有的面目全非，但绝大部分都消失在历史的尘烟中……

大港站作为路港联运的交会点，随着铁路与港口的相继建成，其重要性日益凸显，对第一代大港站进行改扩建成为一种必然。建于 1910—1911 年的第

第二代博山站

二代大港站，完全摒弃了胶济铁路初建时期"中西合璧"的风格样式，毫不客气地体现了德占青岛末期简约、实用的风格。站房规模更接近胶济铁路沿线的中型车站，砖石木结构，包括阁楼地上三层，另有地下室。主立面中轴对称，三角形山墙面向 T 形路口，主入口两个平行连续的券式门洞粗石镶边，二层和阁楼各开三个竖向小窗。楼内木制旋转楼梯，红漆地板，设站长室、行车室、售票房、候车室、行包房等。

博山站是胶济铁路张博支线的终点，最初也是一座中式风格的小站。1912年左右，德国山东铁路公司在原址不远处建造了一座新的博山站。这座新车站一如同期建成的大港站，没有使用任何中式元素，屋顶是典型的德式风格，两层站房的局部屋顶敷设有机制平瓦。车站主入口为框架结构石拱门，周围用粗石嵌入的方式筑出中世纪城堡效果，彰显出浓郁的欧式风格，略微夸张的大

扩建后的潍县站，可以看到原站房右侧加建的山墙

门，也让这座因煤炭资源而设立的车站明显与众不同。

随后的日占时期又扩建了一半左右的沿线车站，大多是在原站房两端延长扩建站舍。潍县站扩建的站房比较典型，主站房在左右两侧延长扩建，右侧加建的山墙立面具有鲜明欧式建筑风格，山花中轴对称，水平上下两段。下部三个平行等高，粗石镶边的发券门洞作为出入口；上部呈三角形，中央是一个发券竖长窗。山墙两端用壁柱强化了立面构图，发券突出券心石的装饰性做法，与站房原有建筑风格较为一致。

笔者认为对胶济铁路早期车站扩建的主要原因，是不断提升的铁路运量引发的。但在改建的过程中，出于实际用途、经济成本的考虑，以及社会环境、文化观念、国际形势等诸多因素的影响，才最终完成了胶济铁路沿线站房的第一次大规模改建。

胶济铁路自全线开通以来，运量逐年递增，客运从 1904 年的 558868 人次，增加至 1910 年的 654128 人次，增长了 17%；而货运从 1904 年的 179270 吨，增加至 1910 年的 769192 吨，激增了 329%。其间，青岛港和胶济铁路煤炭运量都激增了 200% 左右。大港站和博山站分别位于重要的港口或煤炭产地，日益增长的货运吞吐量与铁路运能不足的矛盾格外明显，这就成为德国山东铁路公司决定修建第二代大港站和博山站扩能，并扩建部分小型车站的重要原因。

至于德建第二代大港站和博山站采用了纯德式的建筑风格，除了以上的原因，扩建的时间点也是不得不考虑的因素。这两座新的车站分别建造于 1910—1912 年间，而此时也正是津浦铁路的施工阶段，韩庄以北，包括山东在内的路段都是由德国铁路工程师负责设计建造的。虽然目前没有确切的证据证明这两者之间有着必然的联系，但从"近水楼台"，节约设计建造成本的角度考虑，不由得使人产生山东铁路公司委托津浦铁路德国铁路工程师参与，甚至主持第二代大港站和博山站设计建造的联想。

原济南府西站迁建成为胶济铁路济南站，有文章已经说得很详尽，本文不再赘述。需要强调的是，胶济铁路济南站既有像青岛站那样大型德式站房的规模，还有曾经是"中西合璧"中小型站房的前身；既有像大港站和博山站需要扩建扩能的初衷，又有与津浦铁路背后政治博弈最后为迁而建的结果；甚至具有德日两个敌对国家在中国接续完成建造、与津浦铁路济南站相邻共生、车站功能消失后改造成铁路办公用房等特殊"身世"，可以说承载着胶济铁路自始建百年来，政治、经济、文化、社会、建筑等诸多铁路历史文化元素。能留存至今，实乃万幸！

胶济铁路车站的"小物件"

从胶济铁路初建到如今，120多年已经过去了，胶济铁路沿线的德建站房大多不存。除了站房，还有一些附属设施、标示设备及特殊功能等，也只能从老照片中一探端倪了。

站名标识

车站一定会有名称标识，胶济铁路车站名称一般会出现在站房正面、侧山墙和站名柱上。最初有中德两种文字，日军占领胶济铁路期间曾经加上了日文站名，德文站名此后也被改成了英文。纯中文站名或横排、或竖排；两种及以上文字排列的形式一般有"Ｔ、⊢、⊥、二、十"等组合形式，中文一般为楷体字。潍县车站不仅在站房正立面的站名两侧镶嵌了"如砥如矢，至齐至鲁"

姚哥庄站名标

八个大字，还在侧山墙的站名旁绘上了铁路飞轮标志和车站建造的年份。站名柱也有长方形、三角柱形、单立柱形等多种形制。

三面钟

铁路开通前的中国传统社会，人们大多还是遵循日出而作、日落而息的生活方式。铁路运输方式对时间精准的严格要求，对沿线民众的时间观念产生了颠覆性的影响。从 20 世纪初胶济铁路早期车站的照片上看，胶济线上的车站大多都安装有铸花三面钟。三面钟，顾名思义有三个面，室外的两面钟为子钟，面向车站站台两侧，为来往旅客指示时间；室内的一面钟为母钟，设置在车站

青州府站的三面钟

值班室内，供车站工作人员使用。三面钟由一组机芯带动，同时运转，确保了旅客和工作人员看到的时间完全一致。据说，面向站台两侧的子钟是 12 小时制，工作人员使用的母钟却是 24 小时制，反映了铁路车站每天 24 小时不停运转的工作方式。

雨　棚

胶济铁路中小型车站一般在进站口或出口位置搭设了木结构雨棚，有单坡一字形、双坡人字形，下设三面木围栏。从青岛站早期的照片来看，站房进出口最初并没有搭设雨棚。20 世纪三四十年代的照片显示，在进口的三座拱门

益都站雨棚

前搭设了一个大大的单坡钢架雨棚。胶济铁路济南站则在站台上增加了长长的雨廊，与站房冲向站台一侧出口形成 T 字形。同样增加雨廊的中小型车站还有沧口、坊子、潍县、益都（今青州）等站。

线路设施

据相关资料，胶济铁路初建时，每个车站都建有 1—3 个道岔。在大中车站铺设了侧线，以满足日后经济发展的需要。部分车站铺设了 500 米长的越行轨道线和尽头线。有 7 个车站装设了轨道衡，其承载能力为 55 吨，衡重能力为 30 吨。干线上建了 16 个给水站，有 19 个 40 吨水塔；支线上有一个水站和一个水塔。两个给水站间的最大距离为 43 公里，全部给水站都装备了单焰管道锅炉。青岛、高密、坊子、张店、博山和济南设机务段，段内建机车库。最初的机车库为临时矩形车库，后来改建为扇形车库，有手摇转盘。供机车整备作业的煤台，有木质和石质两种，一般可供两台机车同时上煤，均以人力抬运。初建时，只有大港、坊子、张店和淄川有进站信号机，其他各站接发列车主要靠手信号。信号机为上向二位式臂板信号机，安装在列车运行方向线路的右侧。

车站设施

胶济铁路中小车型站根据铺设线路数量设置了 2—4 个扳道机。站房前高杆上的灯可以升降，看其高度可以推测灯不是给站台照明用的，因为有的车站站台上还能同时看到一排一般高度的柱状照明灯；看其位置好像通知列车进站的信号灯，不仅车站站台一侧有，在出站的广场一侧也在照片中看到了。在 1931 年 2 月份出版的《铁路月刊胶济线（一卷二期）》中"会议记录"一栏，查到了一份车务第三分段提案，原文如下："查近来各站月台灯上所标站名，有用白纸红字者，有用蓝纸白字者（用蓝图纸晒），亦有用杂色经书于灯上玻璃者，其读法或自右而左，或自左而右，紊乱纷歧甚不一致，非惟不易醒目，抑且有碍观瞻，可否由处商同工务处规定划一办法，以资施行之处请公决。""议决函工务处，请晒印站名蓝纸备发，应用张数由各段分别预算开单送处（计核课办）。"此外，在站房正面墙面上还设置过邮箱，站台上安放过邮筒、磅秤。在没有建设水塔的车站，能看到站房旁边的水井，以满足车站取水之用。在站房墙面上还看到过广告，日军粉刷悬挂过宣传标语。在日本华北交通写真照片中，绝大多数站房面向站台的一侧都修建了带射击孔的碉堡，可见当时中国的抗日形势之严峻。

铁路邮政信箱

有张老照片拍摄了胶州站的一幕场景，站台上身着官服的官员及其随从先后走过，头戴礼帽的铁路警察注目凝视，众多乡民大气不敢出地呆立在一旁。但照片上真正耐人寻味的不是这些，而是站房墙壁上"胶州站"三个字下面那个小盒子——铁路邮政信箱。

1900 年 7 月，还在胶济铁路建设期间，德国邮政为方便铁路建设人员收寄邮件，就在胶州城的外港塔埠头设立了邮政代办处。1901 年 4 月 8 日，随着胶济铁路青岛—胶州段开通，德国铁路邮政部门为胶济铁路专门配备了在德国生产、带有德国邮政当局标志的车辆，但按照德国邮政部门规定，胶济铁路只能运输德国铁路邮政的邮件，后来经中德双方协商，德方才同意有偿运送中国邮政的邮件。胶济铁路邮政兼行李车长 20.5 米，车厢构架由型钢制成，外表采用带有天然涂层的缅甸柚木，车厢内用松木板装饰，顶盖上装有遮阳棚，分隔为行李间、德国邮政隔间、中国邮政隔间、列车员工作间、客厅和厕所，还有蒸汽供暖和煤油照明。

1910 年前后，青岛与柏林实现了铁路连接，大大缩短了铁路之前海路邮政至少需要 4—6 周的时间。一张明信片通过德国铁路邮政从青岛寄到德国只

胶州站场景及铁路邮政信箱　云志艺术馆藏

要15天，共经过9条铁路，全程11851公里，依次经过胶济铁路青岛至济南府，津浦铁路济南府至天津，京奉铁路天津至沈阳，"南满铁路"沈阳至长春，中东铁路长春经哈尔滨至满洲里，随后从满洲里穿越贝加尔湖至伊尔库斯科，再从伊尔库斯科穿越西伯利亚经奥姆斯克至莫斯科，再经华沙至亚历山大罗，最后通过普鲁士国有铁路从亚历山大罗经索恩抵达德国柏林。

当年照片中的乡民无论如何也想象不到，投放到车站墙壁小盒子里的那一张小纸片经历的"铁路之旅"。

胶济铁路警察

还有一张芝兰庄站仓库门前的老照片，给胶济铁路早期警察拍摄了特写。照片有些模糊，4 名铁路警察立正姿势，双手端枪敬礼。从拍摄角度和清晰度推断，拍摄者应该是在行使的火车上，给这几名向他们敬礼的铁路警察按下了快门，而芝兰庄站正属于胶济铁路警察高密第四分局管辖。

根据中德双方签订的《铁路许可权附加规定》和《铁路警察章程》，胶济铁路警察是在铁路完工后，由中国和德国监管人员共同组建的，其职能是保护铁路财产和铁路职员的安全，确保铁路运输顺利进行，主要惩罚那些违反运营

芝兰庄站的铁路警察　云志艺术馆藏

规定的行为和偷盗等小的违法行为。此前，胶济铁路白路轨铺设以来一直有偷盗螺栓和鱼尾板的案件发生。有一次，线路上 16 个鱼尾板被盗，差点发生列车出轨事故，幸亏巡检员及时发现并立即采取了补救措施。针对类似严重影响铁路建设和运输安全的恶性事件，锡乐巴指责山东巡抚周馥没有采取必要的惩罚措施。周馥则反驳说，大部分偷盗案件是由铁路工人干的，也只有他们才知道怎样拧开鱼尾板的螺栓。反过来指责德方没有遵守《胶济铁路章程》规定在铁路施工沿线多雇用本地人，却雇用了数百名来自河南、直隶及其他省的无业游民，这些人被解雇后在铁路上偷盗才是造成恶性事件发生的主要原因。

1904 年 3 月 24 日，中德共管的铁路警察部队成立，分布于胶济铁路沿线各车站，由 6 名长官、62 名下级警官和 832 名警员组成。警察总局设在青州府，总局有警察局长、警察总监、警察法官、监察员、事务长、刑事警长各 1 名、秘书 2 名、刑警 30 名及脚夫 10 名，济南府东、周村、潍县、高密和胶州设立 5 个分局，但德国人认为这支中国警察部队素质很差，不足以保护铁路安全。

第二篇
胶济轶事

胶济铁路修建背景二三事

胶济铁路始建于 19 世纪最后一年，此时的清王朝，正逐步被工业革命后陆续兴起的西方列强蚕食瓜分。山东比邻京师，是承袭了上千年的孔孟之乡，德国欲在这里修建第一条铁路，首先要处心积虑地蓄谋胶州湾。

"胶州早非我有矣"

1903 年，鲁迅在《浙江潮》月刊第八期《中国地质略论》中评论说："盖自利氏游历以来，胶州早非我有矣。"

鲁迅文中提到的"利氏"，就是德国地理、地质学家费迪南德·冯·李希霍芬。1868 年至 1872 年，他先后多次到中国进行地理地质考察，按七条路线走遍了中国十四个省。回国之后，先后发表了五卷并附两册地图集的《中国——

亲身旅行和据此所作研究的成果》。

这套著作从 1877 年到 1912 年陆续在柏林出版，对中国的地质、地形、交通、经济、居住条件等许多方面都做了论述，使德国统治者获得了对中国更全面的认识，德国政府将其视为关于中国的科学可靠的知识基础。

1869 年 3 月，李希霍芬来到山东，开始了为期 3 个月的实地勘测。这次考察引发了李希霍芬在山东设计一个自由港和一条连接腹地铁路的构想。在后来出版的《中国》第二卷中，他首次正式提出修建一条从胶州湾出发、连接山东的煤田、经济南府通向北京和河南的铁路。1897 年，德国占领胶州湾以后，李希霍芬把这个想法上书德国政府。他认为，铁路对于胶澳的未来至关重要，占领了胶澳还"必须取得铁路敷设权"作为补充。铁路线应慎重选择，建议设南、北两线。

李希霍芬所著《中国》

南线从胶州至沂州，除了能吸收农、工产品，更重要的是为采掘沂州府属各地煤和其他矿藏准备必要的物质技术条件；北线从胶州至济南，经过人口稠密、产业繁荣的鲁北和邻近煤炭储量丰富的坊子、盛产茧绸的青州。两线相较，北线远比南线重要，北线铁路一经敷设，将把胶州与省内重要商业城市潍县和山东省城济南直接联系起来。日后若进一步向西延展干线，即可与卢汉铁路相接，使胶州与北京一线相连，或在济南做辐射状延伸，向华北各地做扇形展开……

李希霍芬提出的这个以胶州湾为中心的铁路网计划，对德国选择山东作为势力范围产生了重大影响，后来德国在山东的铁路建设，基本上就是按李希霍芬的设想实施的。

在李希霍芬考察山东的 35 年后，胶济铁路从胶州湾开出的第一列火车被命名为"李希霍芬号"。但对山东来说，从李希霍芬 1869 年来此考察起，胶州湾的未来就已经悄然发生了改变。

一进一退之间

1897 年 11 月 13 日，德国东亚舰队"皇帝"号、"威廉公主"号、"科莫兰"号驶入胶州湾，次日晨，德军突然携枪炮蜂拥登岸，并派出一名夏姓翻译到胶澳总兵衙门前的操场，操着京腔对总兵章高元说，我们提督要借地操演，有公文致贵军门："胶州湾一地限三点钟将驻防兵勇全行退出女姑口、崂山以外，只允带火枪一车，其余军火炮位概不准带，以四十八点钟退清为限，过此即当敌军办理。"随即"砍断电线，意在挟威霸据"。

德国舰队借演习之名登陆胶州湾，起因是 10 多天前发生在距此 500 公里

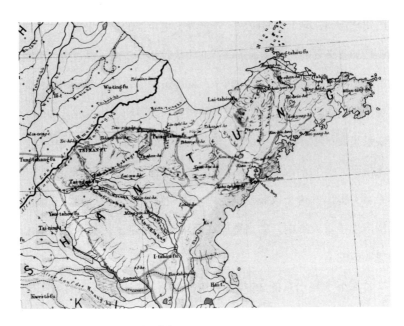

浅色笔迹为规划的胶济铁路北线和南线

之外的"巨野教案"。11月1日夜，因德国传教士唆使教徒欺压百姓激起公愤，巨野县民众潜入张庄教堂，杀死德国传教士2人。消息传到德国，德皇威廉二世认为终于等到了期盼已久的侵略借口，电令驻扎在吴淞口的东亚巡洋舰队司令棣利斯，率舰队立即开赴胶州湾，以"强有力的行动"进行报复。同时指示德国驻华公使海靖，就传教士被杀事件向中国政府提出很高的赔偿要求，使之一时无法满足，以便为占领胶州湾行动争取到足够的时间。

胶澳总兵章高元收到德国东亚舰队的这份德国照会后，据此禀告山东巡抚李秉衡以请示应对之策。11月15日，李秉衡两次致电章高元："德棣提督借端寻衅，断非口舌所能了，尊处四营务须坚谕勿动。弟已电奏请旨，拟调夏庚堂统领所部各营开拔赴胶……以厚兵力。""……德既挖沟架炮，构衅已成，非

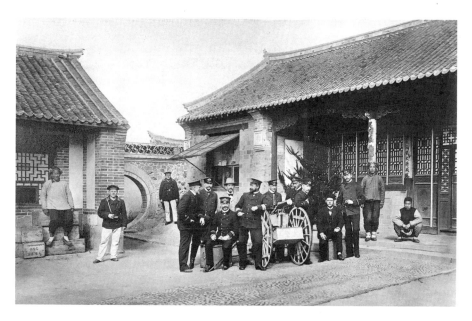

德军占领清胶澳总兵衙门　云志艺术馆藏

力战不可。贵军暂退四方村据守请战甚是。刻又电奏，候旨到，即行电达。"

11月17日，焦急等待的李秉衡收到了军机处的回电："敌情虽横，朝廷决不动兵，此时办法，总以杜后患为主，若轻言决战，立启兵端，必致振动海疆，贻误大局，试问将来如何收束耶？章高元、夏辛酉均着于附近胶澳屯扎，非奉谕旨不准妄动。新募之营，固属乌合，适足以起戒心，着毋招募，此事已饬总署及出使大臣向彼理论，俟有回信，再定进止。"

军机大臣翁同龢在他的日记中是这样描述的：二十二日（1897年11月16日）"……德兵船入胶澳，占山头，断电线，勒我守兵三点钟撤出，四十八点钟退尽云云。即草电旨二道，一饬李秉衡勿先开炮，一令许景澄向德外部理论，邸意以为然，幸巨野已获凶盗四名，尚可辩论耳。"二十三日（1897年11月

德军占领清胶澳广武中营　云志艺术馆藏

17日）"……电饬李秉衡毋轻言决战贻误大局。上意力持不战，述慈圣言，甚忧劳也，已初散。"

最终，德军强占了胶州湾。就在这一进一退之间，胶州湾的命运就此改变，胶济铁路的构想也由此浮出水面，向修筑迈出了实质性一步。

所省之银恐不够抵偿

德国武力占据胶州湾后，中德两国在谈判桌上展开了拉锯战。长期占领胶州湾和取得胶济铁路修筑权，始终是德国毫不退让的谈判"底线"。

11月20日，德国公使海靖等四人来到总理衙门，与恭亲王奕䜣、北洋大

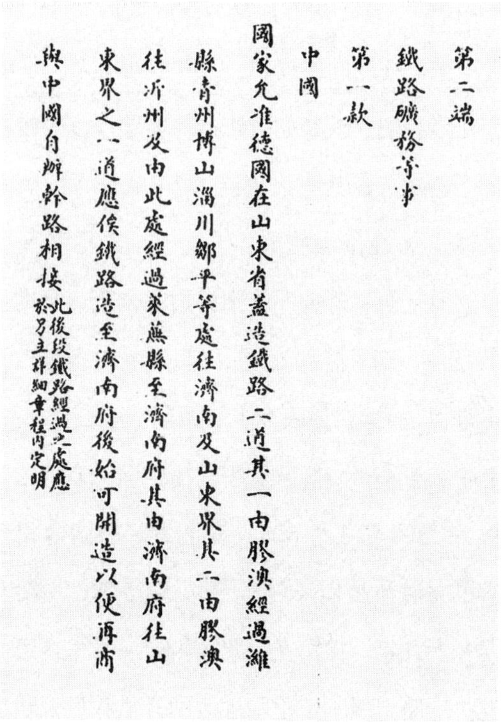

第二端
鐵路礦務等事
第一款
中國
國家允准德國在山東省蓋造鐵路二道其一由膠澳經過濰縣青州博山淄川鄒平等處往濟南及山東界其一由膠澳往沂州發向此處經過萊蕪縣至濟南府其由濟南府往山東界之一道應候鐵路造至濟南府後始可開造以便再商與中國自辦幹路相接於此後鐵路經過之處應於另立詳細章程內定明

《胶澳租借条约》中关于铁路与矿务的部分条款

臣李鸿章、军机大臣翁同龢等谈判。海靖在一份照会中就解决巨野教案问题提出了六项要求，其中第一款就是"山东巡抚李秉衡应革职永不叙用"，并强硬地答复中方"先退兵，而后开议，恐办不了"。

11月27日，双方继续谈判。海靖提出，山东巡抚李秉衡"深恶洋人，所以上行下效，出此重案，李抚台如此办事，何又升官？"中方答复："李抚台中外交涉事未办过……历办河工岁省百十万，又为户部筹款亦十余万，不得谓非无用，所以升官。"海靖笑道："所省之银，恐不够抵偿我国。"谈到最后，中方指出："提督扣留章高元殊无理，你照会作为擒拿尤可笑。"海靖听后，轻蔑地答复："此系国家之意，此事紧要不在章高元"，随后一笑而散。

　　谈判就在这种一来一往之间持续着，德方咄咄逼人，中方步步退却。此后，中德双方围绕是否租借胶澳、铁路如何修造等问题反复争辩。总理衙门把希望寄托在其他列强的干涉上，幻想"以夷制夷"。北洋大臣李鸿章在得知德国占领胶州湾消息的当晚，亲往俄国使馆寻求支援，希望俄国立即派舰队到胶州湾，促使德国撤离。张之洞、刘坤一等则提出联合英、日的主张。日本领事矢野针对德国提出的条件，毫不隐讳地说："闻条款内有东省铁路、矿务均归德承办，此条属意甚深。"而远在德国本土的德皇威廉二世，看到谈判久拖未决，果断派弟弟海因里希亲王率第二舰队启程前往中国，以武力给清政府施压。

　　谈判一直持续到1898年3月6日，李鸿章、翁同龢和海靖分别代表中德两国签订了不平等的《胶澳租借条约》，共三端十款，主要有以下内容：德国租借胶州湾，租期九十九年；德军在胶州湾沿岸一百里内可自由通行；德国获得修筑胶济铁路权、铁路沿线三十里内地区的开矿权以及供应山东省各项工程所需用的人员、资本和器材的优先权。

胶济铁路修筑：中德双方的博弈

1898 年 3 月 6 日，《胶澳租借条约》签订，德国一步步扩张着在远东的殖民势力。1899 年 9 月 23 日，胶济铁路举行正式开工典礼，分六个工段一段段施工、一段段通车运营，从东往西向山东腹地延展。

一厢情愿的选择

1898 年 1 月 17 日，中德两国针对德国武力侵占中国胶州湾的谈判尚在进行之中，德国亚洲业务财团等利益集团就向德国政府提出在中国山东修建铁路和获得采矿许可权的申请。同时，还派出铁路建设专家到山东考察铁路建设预期费用、铁路最佳定线和开矿条件。也就是说，德国的利益集团已经可以无视中德两国的最终谈判结果，或者是毫无顾虑地坚信德国必将能够获得在中国山东修筑铁路的特权，开始为配合德国的远东殖民扩张积极准备了。结果的确是，他们的这个宝押中了。

1899 年 6 月 1 日，经过德国利益集团与德国政府的反复争执，德国首相授予其"山东铁路公司建设和经营许可权"，并赋予它建立德华股份公司的权力；同时授予在山东开采矿山的许可权，即"中国山东省采矿许可权"，并赋予它建立殖民地性质公司的义务。

本来中德双方签订的《胶澳租借条约》和德国政府颁布的《山东铁路公司建设和经营许可权》都规定，山东铁路公司为中德股份公司，"盖造以上各铁路，设立德商、华商公司，或设立一处，或设立数处，德商、华商各自集股，各派妥员领办"，"德国人和中国人都可以参与股票的公开认购，尤其要在合

位于青岛的山东铁路公司办公楼

适的东亚贸易区开放股票认购"，但山东铁路公司的股东们不想让中国人参与投资，一厢情愿地担心公司的活动空间会受到限制，为此竭力避免与中国官府就铁路建设的一般性问题签订任何协议。谁想到事与愿违，后来胶济铁路的修筑中，遇到抗德阻路被迫停工达一年之久，山东铁路公司才不得不坐下来，与山东巡抚衙门协商解决办法。

成立之初，山东铁路公司总部设在德国柏林，在青岛只设立了一个管理处。股东们认为这样既有利于德国政府对山东铁路建设权的控制，也提高了铁路建设前期规划和预算审批等工作的效率。但随着工程的推进，青岛管理处与柏林管理层之间针对技术问题多次产生了矛盾，柏林管理层试图控制铁路工程的领导权，"甚至想从柏林决定每一座桥梁打基础的类型和方式"，但大多由于"技术上的不成熟"而妥协或放弃，修筑铁路的具体事务开始由柏林慢慢转往青岛。1899 年 12 月 22 日，山东铁路公司由德国柏林正式迁往山东青岛。

一意孤行的代价

山东作为农业为主的地区，土地是人们赖以生存的基础。由于贫困、灾荒和社会不公，动乱时常发生。1897 年，长期积聚的民怨酿成了刺杀德国传教士的"巨野教案"，随之德国出兵占领胶州湾的军事行动，在山东引起强烈反应。在这样一个充满不安定因素的环境下修建铁路面临着巨大挑战，非常容易激化矛盾。1898 年中德签订的《胶澳租借条约》中，不仅规定修建铁路应建立中德双方参与的股份公司，还规定应就铁路公司的具体细节签订专门章程。

德军出兵镇压乡民，占领高密县城

而山东铁路公司不仅拒绝中方入股，更没有按规定与中国人签订专门的铁路章程，只是简单地派工程师进行勘测和定线后就开始填高路堤，罔顾沿线民众的利益。村民们要求铁路公司改道或"分段多开涵洞，以资宣泄"，而路员"置之不理"，理由是"太费钱了"。类似的野蛮行径最终导致民众拔掉铁路勘测杆、聚众阻工、包围袭击铁路公司办事机构等暴力冲突的频繁发生。

面对筑路矛盾，山东铁路公司不仅没有纠正不当行为，积极缓和民众矛盾，反而一意孤行，请求胶澳总督派兵保护路工。1899年6月，德军洗劫了堤东庄、刘戈庄和高密县城，杀死20多名村民，伤者无数，离开时还焚烧了高密书院的全部书籍。1900年2月，乡民又袭击了铁路公司高密办事处，工

《胶济铁路章程》中维护乡民利益的条款

程师不得不撤走，铁路建设完全中断，并直接威胁到胶州附近的铁路工程，胶澳总督再次向胶州派出军队武力镇压。

　　针对筑路过程中的抗德阻路，山东巡抚袁世凯通过政治手段"设法钳制，以期收回自主之权"，以"不缔结特别协议，只得禁止继续铺设铁路"逼迫山东铁路公司签订了《胶济铁路章程》，很大程度上遏制了铁路施工过程中德方的野蛮行径，理顺了铁路公司与山东省官府的关系。随后，在胶济铁路沿线的济南、周村、潍县成功自开商埠，鼓励中国人同德国人竞争，遏制德国经济势力通过铁路向山东内地渗透，在与德国人的博弈中建立了一种新型的官商关系。

德方技术人员编写的《山东铁路记号章程》插图

　　胶济铁路修筑过程中，民众和官府两个层面产生的对抗，逐步使德国人由最初赤裸裸的掠夺转变为不得不与中方合作，中国人从最初被迫的接受铁路转变为不断争取自身利益的积极抗争，瓦解了德国依靠胶济铁路建立的势力范围。

胶济铁路的局限

铁路作为工业革命的加速器，自 1830 年从英国率先投入应用以来，全世界进入了狂飙突进的"铁路狂热"时代。继之而起，美国、法国、比利时、德国等资本主义国家陆续开始了大规模铁路建设热潮。而此时的中国，即将被西方列强通过鸦片战争打开市场，修建铁路必定成为西洋各国"处心积虑所必欲力争之事"。

1835 年德国第一条铁路建成通车，至 20 世纪末德国的铁路技术和管理已日臻成熟。胶济铁路的建设，其技术完全以德国自身的工业和工程技术为基础，不仅工程师和技术人员几乎全部来自德国，而且轨道和桥梁材料、机车车辆、电报设备、水泥，以及用于铁路工厂和水站的设备等都购自德国，德国著名钢铁工业和机械制造企业几乎都为胶济铁路提供了材料设备。这自然是德国出于自身技术的绝对优势和经济利益最大化的考虑，但对中国来说，胶济铁路的修筑是在不平等条件下，违背中国人意愿强行闯入的，铁路作用的发挥和铁路技术的发展必然会受到极大的限制。从德方修筑胶济铁路的动机来看，山东铁路公司是一家有德国官方背景的企业，其动机是追求利润的最大化，修筑胶济铁路仅仅是盈利的手段而非目的，不可能也没有必要把整套的铁路建造技术带到山东。一方面，修筑铁路主要的建筑材料和运营设备全从德国本土引进，致使胶济铁路建设没有带动山东本地工业制造技术的进一步发展。另一方面，胶济铁路从勘察设计到建筑施工完全由德国工程师领导，中国的铁路职员经过培训只承担铁路维护和运营工作，造成铁路技术从引进到本土化的深度受到很大局限。再就是中国农业社会经济的封闭型和自给自足的特点使工业化发展缺

德国企业制造的 TH2 型蒸汽机车

少诱因，阻碍了双方的合作，最终在工业发展上的后发优势没有得到发挥。

　　近代山东，胶济铁路虽然为社会经济发展注入了强大动力，但其修筑毕竟是在外国势力冲击下引发的，中国社会没有产生对铁路建设的强烈需求，铁路有利方面的影响也未能在更大范围内扩散，更没有建立起铁路带动下坚实的钢铁工业基础。胶济铁路从 1899 年开始修筑，到 1949 年新中国成立前，由于路权更迭、战争频发、商业凋敝等原因，始终举步维艰。新中国成立后，胶济铁路及其附属设施成为国家工业基础的重要组成部分，1952 年，新中国第一台蒸汽机车"八一号"在四方铁路工厂试制成功；1990 年，胶济铁路完成复线工程，结束了 86 年单线行车的历史；2006 年，胶济铁路完成电气化改造；2008 年，胶济客运专线开通运营，实现客货分线运输；2015 年，中国标准动车组"复兴号"青岛下线；2018 年，济青高铁开通运营，百年胶济铁路实现"三条铁路、六线并行"。

胶济铁路总办：锡乐巴的人生弧线

锡乐巴（Heinrich Hildebrand，1855—1925），德国铁路工程师。1891 年带着德国政府密令来到中国，随后成为晚清洋务派大臣张之洞的幕僚，参与中国铁路、煤矿、铁厂、炮台等设计建设。1898 年起主持胶济铁路勘测、修筑，其间与山东巡抚袁世凯、周馥交恶。1904 年胶济铁路全线通车后，担任德国山东铁路公司总办兼总工程师，达到其在华职业生涯的顶点。

人生的弧线

1908 年 10 月，德国柏林总部同意锡乐巴辞呈的正式命令送到了他本人手里，从锡乐巴受雇来到山东参与胶济铁路修建整整 10 年。看着一张张、一件件自己将近 20 年的履历，锡乐巴不禁感慨万千，在中国的一桩桩过往历历在

海因里希·锡乐巴半身像照片

目，如今要全部抛下，重新回到他记忆深处的故乡……

1855 年 3 月 12 日，锡乐巴生于德国莱茵兰——法耳次州的比特堡。1879 年底，通过国家考试成为工程领班，第一份工作是参与柏林城市铁路建设。1884 年又通过了工程技师考试，成为政府工程技师，主持了德国西部艾菲等地区的支线铁路建设。1888 年起，主持科隆中央车站大型改建工程，并负责科隆及其周边的铁路桥梁建设。1891 年，德国外交部通知他去中国，据说是首相俾斯麦根据巴兰德的建议，决定动用 3 万马克秘密经费，派出两名经过国家甄试合格的工程师和两名工程绘图员到中国，以使馆见习翻译作掩护，搜集中国铁路技术发展的情报，并随时报告给德国外交部，锡乐巴是最终确定的工程师人选之一。

1891 年，锡乐巴进入德国外交部，同年 9 月作为铁路建设专家被派到德国驻北京使馆。根据德国外交部的指令，锡乐巴接受的条件是：至少在中国服务五年；在驻京使馆学习中文，然后以外交译员身份工作，其具体任务是观察中国在铁路技术上的动向；学习期间，对于派遣他的任务要保守秘密。旅费津贴 2000 马克，年薪 6000 马克，住房免费，而当时锡乐巴家乡比特堡郡长的年薪也只有 4000 马克。但真正让锡乐巴名利双收的却是他来到胶济铁路以后。

胶济铁路的建成通车被锡乐巴视为个人事业的重大胜利，巨大的财富和荣

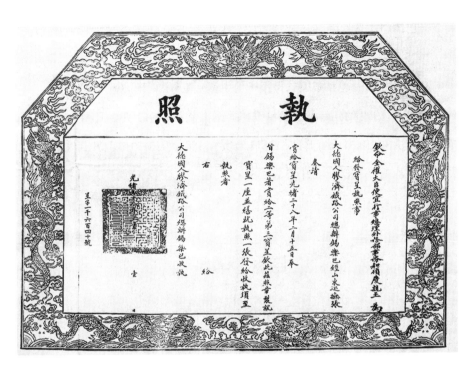

1902 年清政府授予锡乐巴二等第三宝星执照

誉接踵而至。

1898 年 12 月，德皇威廉二世授予他"四等红鹰勋章"。

1899 年 9 月 23 日胶济铁路举行开工典礼，1901 年 4 月 8 日青岛至胶州段通车后，铁路公司与他续签合同，将其聘期延长至 1904 年 8 月底。

1901 年 6 月，德皇威廉二世授予他"王家工程顾问"称号。

1902 年 6 月 1 日铁路通至潍县实现一期目标，德皇威廉二世致电祝贺，清政府外务部颁授锡乐巴二等第三宝星执照。

1902 年清政府授予锡乐巴二等第三宝星执照。

1904 年 6 月 1 日胶济铁路全线通车，锡乐巴受到德国政府嘉奖，铁路公司将锡乐巴的聘期又延至 1905 年 8 月底，年薪 3 万马克加免费旅游和免费住房。

1905 年，锡乐巴的聘期又延至 1908 年 8 月底。

1908 年 7 月，德皇威廉二世授予他"枢密工程顾问"头衔。

1901 至 1907 的几年间，胶济铁路客运人数从 59912 人上升到 896027 人；客运收入从 30819.31 元上升到 615617.81 元；货运量从 5473 吨上升到 409430 吨，货运收入从 16181.87 元上升到 1613598.77 元。

伯乐"张香帅"

锡乐巴作为铁路工程师，个人事业能在胶济铁路取得令同行羡慕的成绩，首先要感谢中国人尊称为"香帅"的湖广总督张之洞。

1892 年起，锡乐巴开始为张之洞效力，参与修建大冶铁路、开发煤矿铁矿、修筑炮台、建造炼铁厂和轧钢厂。他定期向德国驻京使馆报告他与张之洞的谈话，他的报告被转呈柏林外交部，然后交给首相本人。1894 年，张之洞委托锡乐巴负责汉口至北京铁路的前期筹备工作。不久中日甲午战争爆发，卢汉铁路推迟建设。1896 年，锡乐巴被召回武昌，经张之洞和直隶总督王文韶力荐，被清政府督办铁路公司事务大臣盛宣怀聘为顾问。张之洞向盛宣怀推荐锡乐巴时曾说："铁路学以德为最精，凡英、法大工程多借助德人，凡大工师多出身德学，故无论何国人造路，锡乐巴均可用。其人学术精到，心地光明，甚为难得。"

此后，锡乐巴开始协助两江总督刘坤一勘测吴淞至上海、苏州和南京铁路，并与盛宣怀一起建成第一段淞沪铁路。在淞沪铁路开工之前，盛宣怀特意让锡乐巴将普鲁士的铁路法规译成了汉语，以了解德国铁路建设的基本情况。建设期间，所有施工细则均完全依照普鲁士的《铁路管理条令》，锡乐巴缜密、细致的工作精神令盛宣怀印象深刻。后来盛宣怀派锡乐巴勘估萍乡至湘潭的运煤专线，向湖南巡抚陈宝箴介绍锡乐巴时称赞其"精于铁路，熟谙华语，香帅雇用多年，颇有机变"。特别是锡乐巴指出"中国铁路建设不能操之过急，不能超越中国的财力，要避免对债权国的依赖，否则就会像有的国家那样，铁路没能成为繁荣的源头，反而成为财政崩溃的根源"的观点，盛宣怀感受至深。

1898 年 9 月 1 日，在张之洞的举荐下，锡乐巴与德国铁路辛迪加的主要领导者德华银行，签订了为期 3 年的聘用合同，来到山东主持胶济铁路建设。

无可奈何花落去

从 1899 年 6 月铁路动工前的测绘至 1900 年底，山东铁路公司与山东民众之间爆发了三次较大规模的筑路冲突。连德国公使克林德都认为"骚乱是由铁路铺设过程中的粗暴行为引起的。别的国家多年来已经在中国修建了若干条铁路，但都没有受到干扰"。而锡乐巴作为山东铁路公司筑路负责人，对公司行为负有直接责任，但他本人对于处理冲突的态度却是非常强硬的。在筑路冲突中，锡乐巴竟然多次请求胶澳总督派德军到高密、胶州等地镇压乡民，导致几百名村民被杀，伤者无数，高密书院被毁。

针对频发的抗德阻路事件，山东巡抚袁世凯最终逼迫锡乐巴与之签订了《胶济铁路章程》，很大程度上遏制了筑路过程中德方的野蛮行为。针对德国试图利用胶济铁路向山东腹地渗透的企图，继任的山东巡抚周馥与袁世凯密商

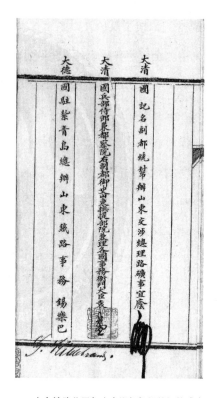

山东铁路公司与山东巡抚衙门签订的《胶济铁路章程》中锡乐巴的签名

在胶济铁路沿线重要城镇济南、周村、潍县自开商埠，极大削弱了德国殖民渗透的力度。此外，诸如铁路勘测及走向、青岛站选址及设计等纯技术问题，也让锡乐巴得罪了不少德国同行。

1904 年 11 月，天津德华银行的利德尔到山东考察铁路经营管理后，曾在一封信中写道："我遇到的人没有一位不反对锡乐巴……普遍指责他不真诚和顽固。我认为，锡乐巴留在领导层高位上对于公司是有害的。"

1905 年，德国驻南京领事在给驻京公使穆默的信中提到，山东巡抚周馥

山东淄川县署寄给锡乐巴的信函

对锡乐巴公开表示反感，说他不真诚、无法让人信赖，而且非常固执，对中国工人很不友好，人们对此多有抱怨，他还任用一些无能之辈和臭名昭著的无赖，不仅青岛当地人，很多山东上层人士以及在公司工作的职员都对他不满。

　　1907 年，津镇铁路筹划建设，锡乐巴感到他在中国实现更大人生抱负的机会到了。因为早在 1903 年，德国就成立了以德华银行为首的德华铁路公司，负责津镇铁路德国段建设，该公司的领导人正是山东铁路公司柏林管理层成员。而且包括锡乐巴在内的山东铁路公司十多名工程技术人员，在 1904 年就

锡乐巴（左四）与中德双方人员在济南府东站筑起的路基上

参与了津镇铁路北段的勘测任务。让锡乐巴绝难接受的是，被任命的津镇铁路德方总工程师是山东铁路公司铁路工程监察员多普米勒，他落选了。事后听说，袁世凯和周馥等山东高官对他都表示反对，理由是性格固执，无法信赖。1908年，年过半百的锡乐巴感觉身体状况和工作精力已大不如前，向山东铁路公司柏林总部递交了辞呈。

锡乐巴自36岁来华，在中国生活了17年。从一名初出茅庐的铁路工程师，到派遣来华的经济间谍；从寄人篱下的洋员和幕僚，到坐镇一方的胶济铁路总办；从一名满怀事业抱负的铁路专业人才，到德国殖民侵略的代言人，帝国主义扩张时代的鲜明特征在他身上得到了充分体现。

胶济铁路的职员们

胶济铁路自修建以后的十几年间，路权反复更替，其职员构成主要有德、中、日等国籍，来源不一、目的不同、特点各异，成为中国铁路发展史中少有的状况。

水土不服的德国籍职员

德国占领胶州湾并通过《胶澳租借条约》取得在山东修建铁路和开采矿产的权利后，许多德国铁路工程师和技术人员、矿长和矿工向德国外交部申请到胶澳从事铁路和采矿工作。山东铁路公司在挑选技术人员时，比较看重申请人的实际经验，同时也给出了比德国国内更加优厚的薪酬，通常初次签订的合同为期3年，此后根据双方意愿可延长2—3年或更长时间，政府工程技师年薪可达 10000—15000 马克，机务段技师年薪可达 5400—7000 马克，机务段长年薪可达 4200—6000 马克，铁路技师年薪可达 4000—5000 马克。山东铁路公司经过与政府交涉，德国公共劳动部大臣同意普鲁士国家铁路管理局职员，在不影响本职工作的前提下，以休假的方式到山东参与铁路工作，从而使公司得以招募到多位曾在泰国、巴尔干、小亚细亚和埃及等地从事过铁路建设的工程师。根据 1901 年 6 月底的统计，山东铁路公司有 59 名德国职员，包括工段建筑师、建筑助理、建筑监察员、出纳和会计职员等。1904 年 6 月 1 日铁路全线通车之日，公司有 92 名德国职员。

但中国的工作环境对于很多德国人来说是一种考验，有不少曾经非常迫切地申请工程技术职位的人，来到中国后却对现实条件感到失望，很快就不想干了，甚至不顾众人劝说，坚持回国。尤其在建设初期，山东发生了多起针对外

参与胶济铁路修筑的德国籍职员

国人和铁路建设的武力事件，更加剧了在中国工作的困难。有些人出丁家庭或健康原因辞职，另一些人在全线通车后就离开了公司。至 1904 年底，山东铁路公司共解聘 32 名工程建设职员。

田间走来的中国籍职员

胶济铁路建设之初，山东铁路公司就雇用了不少中国劳工，这不仅是出于他们对这些乡民吃苦耐劳品质和经过短期培训能够达到技术能力的认可，更重要的原因是付给中国劳工的工资对开支巨大的铁路工程而言更为有利。为此，山东铁路公司 1899 年秋在青岛建立了第一所铁路学校，以培养铁路所需的中国职员。在青岛铁路学校正式学习前，这些中国学徒先要在青岛的一座教会学校学习铁路运营所需的预备知识。随后吃住在铁路学校，用一年时间系统学习德语、算术、电报、运营和车站业务等课程。学徒如果学习的是开火车，还有特殊的教育课程。

最初愿意到这所学校学习的中国年轻人，大多是当地铁路沿线的农家子弟，不仅需要一定的学习能力，更需要一种勇气，在把火车视为破坏祖先风水、摄取人们魂灵的事物的乡民眼中，他们这些试图接近，

山东女姑口人庄景山抄录的德语学习手册，1903 年到胶济铁路谋职

甚至驾驭这头"怪兽"的年轻后生，无疑也是不可理喻的。这些来学习的孩子们，或者上过教会学校，或者出门见过世面，或者受亲朋好友影响，大多是敢为人先的。在一份当年他们使用过的学习德语的小册子上，"地球"被标注为"哀鞋忒巴而"，"你能中国话否"被标注为"司勃黑哀亨细妻内西诗"……我们能深切感受到他们学习态度的认真和最初接受迥异文化的惊讶。

学徒学成之后被分配到胶济铁路的各个车站，担任助理、司事、司报、司

胶济铁路开通后，核对车站账目的中国籍职员

机、看车大、调车夫、号志夫、搬道夫、押运夫等职位，其中优秀的还会成为小站站长，或大站副手，后来几乎所有在胶济铁路车站工作的中国年轻人都是由这些学校培养的。

暗度陈仓的日本籍职员

日俄战争后，日本强占中国东北原中东铁路南段，改称"南满铁路"大肆经营。1914年日德战争爆发，日本出兵山东占领青岛及胶济铁路全线，随即从"南满铁路"调入大批日籍铁路管理人员接管胶济铁路，此后直到1945年抗战胜利，日本籍职员或多或少如影子般始终留在胶济铁路的不同职位。

1934年胶济铁路管理局各处处长合影。其中左三为车务处日本籍处长木村芳人，右三为会计处日本籍处长大石定吉

　　1923 年 1 月，中国赎回胶济铁路后，从胶济铁路原有的 3000 多名日本职员中选留数百人。按照中日双方协议，赎路款偿清前，胶济铁路车务长、会计长两个重要职位，必须由日本籍职员担任。1925 年 2 月胶济铁路大罢工期间，日本驻华公使芳泽提出"请中国政府迅定适当之措施，以遏风潮"的言论，大有借机出兵，渔翁得利的不良企图。甚至组织"南满铁路"工人乘船赴青岛，欲派员暂维胶路交通的举动。1928 年 5 月"济南惨案"期间，南京国民政府接管胶济铁路代表陆续赶到济南，却得知日军早派军事运输官 1 人驻站办理军车调度事宜。1938 年 1 月，日军占领胶济铁路全线后，对胶济铁路管理机构再次实行军事管制。

派系分明的管理局局长

　　1923 年，胶济铁路建成 19 年后终于回到国人手中，胶济铁路管理局的负责人，或是留美留日的才俊，或是交通部的司长，或是主持过铁路修建的工程师；身后或有金融财团的支持，或有政治派系的撑腰，或有美日等国的后援，可以说个个是业界精英、人中龙凤，哪个没有能力？哪个又没有实力？但一个个却屁股坐不热、位子坐不稳，其根源却是胶济路"交通系"与"地方系"的明争暗斗。

　　民国成立交通部后，不仅掌管全国铁路，而且大举外债，控制财政大权，更有代行国库职能的交通银行作为金融后盾，随之以交通部为核心形成了一个利益集团，被称作交通系，既是一个金融财团，又是一个政治派系，实力和影响不容小觑。华盛顿会议山东问题边缘谈判时，接收胶济铁路的人员绝人多数是留美留日学生，许多在交通部任职，即便不在交通系核心圈层，也与交通系有着千丝万缕的联系。胶济铁路接收后，山东平度人赵德三成为首任局长，却在三个月内因机车出轨、客车相撞等事故不断，加上货物滞留等管理不善，被青岛舆论炮轰，黯然离任。交通系自然想长期把持路政，连续派出四任交通系的局长接任，而以山东人为主的地方系对此颇为不满，争斗由此展开。

刘堃因工人罢工，告其十大罪状而丢职；继任邵恒浚因靠山吴佩孚倒台，被直接赶下了台；随后主持工作的副局长朱庭祺仅干了两个月。1925年初，新局长阚铎带着"该路之山东人，既无学识，又无路才，接任后须认真办理，尽力淘汰"的尚方宝剑有备而来，但最终引发了路内外各界联手"驱阚逐朱"的罢工罢运，赴任刚满一个月只得匆匆逃离。

1925年6月，地方系赵蓝田接任局长；7月，地方系胡文通接任；12月，赵蓝田再任。直到南京国民政府成立后的1929年5月，交通系颜德庆担任首任胶济铁路管理委员会委员长，1930年2月，交通系萨福均兼任。直到11月葛光庭接任，胶济铁路负责人"走马灯"式的轮换才稳定下来。

公开招聘的胶济女职员

1930年，胶济铁路管理局采用考试办法招募了首批女职员20人。这些普通的女职员大部分出生于1900年前后，最小的19岁，最大的31岁，分别来自江西、福建、湖北、山东、湖南、浙江、云南等7个省份。

胶济铁路试用女职员的做法，开民国职场风气之先，在社会上引起了强烈

1931 年胶济铁路管理局全体女职员合影

反响。当时的报纸对此事有如下描述：我国女子职业，近来虽称发达，然吾人所见者，但除少数之机关外，亦只游戏场所、跳舞场等数处而已，安得只是以为女子职业只特征耶。倾闻胶济路将于最近期内雇用女职员，举凡售票司账等事，均由女职员充当。该路当局在青岛设立考试办事处，已于日前考闭，报名者达 70 余人，能录取者亦占半数。闻录取之后，即派往各站，稍为练习即可正式任用。闻该路以此举在中国尚属创闻，未悉成效如何，尚工作满意，将来尚可增用若干人，是亦女子职业前途之福音也。

乱世羁旅：旧时胶济铁路上的人们

胶济铁路通车后，彻底改变了沿线民众的出行方式，坐火车不仅是一种新奇时尚的感受，还是证明身份和社会地位的有效方式。在社会动荡和战争爆发的时候，胶济铁路还成为民众避寇逃亡的生命线，见证着民族危亡中同胞的苦难和抗争。

城阳站的一天

1903 年初春，胶东半岛南部的墨河边，堤岸枯草里残留的冰碴，在清晨阳光的照射下闪着晶莹的光，歇了一冬的村民早已在田间劳作了多时。顺着田垄边发亮的两条铁轨望去，不远处一座德式风格的建筑在暖阳中缓缓醒来，那就是城阳火车站，是十里八乡除教堂之外又一处洋人建的房子。硬山样式的屋

117

20世纪初城阳站中国职员接收电报

顶上竖着高高的烟囱，四面墙角用一块块青砖交错砌成，在侧面灰白的墙面上清晰地写着"城阳"两个楷体字和一串外国字母"TSCHENGYANG"，站舍面积不足100平方米，和铁轨之间是高出轨面不足半米的土站台。

　　站长站在不大的站长室里。由于城阳只是小车站，除了站长还有一名扳道工，忙不过来就雇用车站外的中国苦力。墙上的八角鱼尾挂钟响了，整整敲了八下，从青岛发出的列车出发了。车站外陆陆续续走来了三三两两的村民，有的扛着大大小小的包袱，一看就是奔走于乡间的货郎；有的雇着大车，拉来了

20 世纪初城阳站中国职员卖票

两大车鱼，应该是发到沿途的货栈；还有的提了三大篮行李，估计是要出门做大生意的商绅。坐车赶早的乘客，拿着不同的银元或制钱，通过站长室隔墙上的一扇九格窗提前购买去往昌乐沿途的车票，随后在候车室里两排坚实厚重的连椅上等着，喧嚣和嘈杂声透过售票的窗户挤进了站长室。

车票卖完了，桌上的电报机响了起来，电文是"列车由赵村出发"，墙上的挂钟刚过九点零六分。站长拿着摇铃和信号旗来到了隔壁的候车室，摇铃通知乘客准备上车。随后走出站舍，登上站台，审视着不远处的进站道岔。他让车站上的苦力用喇叭朝东吹出一个拖长的信号，那里的扳道工正在进站道岔旁待命。这时，乘客们背着包袱、提着行李，一个挨一个地走到站台上，水果商和餐饭商大声地叫卖着。

进站的火车停稳后，看车夫招呼车上的乘客依次走了下来，站台上等待上车的乘客也耐心地排着队。虽然上下车只有很少的几分钟，但没有混乱和争执，也很少有人询问或叫喊，更不会有人在最后一分钟跑来，他们有的是时间。就是那些用大车送来的鱼勉强能装完，开车的时间就到了。

列车离开后，站长又去了货物仓库和附近的商街。铁路上除了客运还有不少货运业务，从坊子来的烟叶要在那里卸货入库，下午发往青岛的花生要在那里装车。忙忙碌碌很快到了下午，站长又接送走从昌乐返回的客车后，已经过了4点钟。回到站长室开始盘点一天的账目。客票收入、平常零货、指明零货、贵重物件等的收支情况，墨西哥银元、制钱、铜元等现金收支情况，站长都会一一记下来。

黄大人很生气

"岂有此理！"

山东道台黄中慧狠狠地把德国山东铁路公司总办锡乐巴的道歉信摁在案几上，猛地站起身，急促地踱着步。低首站在一旁，送信进来的仆役一脸惊恐，忙后退两步，扑通一声跪在了地上。正在议事的同僚们相互对视一眼，纷纷询问："大人何故动怒？"黄中慧重新坐定，再次举起锡乐巴的道歉信摇在手里，余怒未消地说道："什么'所遇不便''尽职太过'，这个德国佬真是岂有此理！"

随后他把信扔在案上，继续说道："前日，我乘车去青岛，行至高密站时，一名德国站长理直气壮地让我把座位让给几名德国军官和家眷，口气极其傲慢。我自然要与其争辩缘由，谁料这个德国佬竟然说我身着洋服、口说洋文，必是日本侦探，让人把我拽下车，欲强行关押。当我亮明是大清监司官员，去青岛公干后，他竟也没有丝毫道歉之意，轻描淡写地让我上车。我自然要严词相拒，留在高密站讨个公道。第二天到青岛后，那个德国山东铁路公司总办锡乐巴就到我住的旅馆询问情况，我不会和区区一个站长过分纠缠，以免丢了我大清的颜面，只要求山东铁路公司正式道歉就罢了。谁料今天送来的道歉信

20 世纪初火车上的中德官员

121

里，言辞凿凿，竟然称我在高密站'所遇不便'是由于站长'尽职太过'，对站长一撤了之。我并无过失，却被逐出车外，交士兵看管，被剥夺人身自由，铁路公司却称该站长'尽职太过'，这到底是他错还是我错？这哪里是在道歉，分明就是强辩！对我大清官员尚且如此，对我良民百姓那还不知道要欺压到何种程度！"说罢，冲着仆役吩咐道："去！拿上我的名帖，通知几家报馆，这次我要让世人看看德国佬的嘴脸。"仆役应着，站起来转身去了。

黄中慧是一位有影响的改革派人物，与中外多家报馆皆有密切联系，于是上海和青岛的报纸都登载了这一新闻。这起事件正值中国收回利权运动时期，在当时激起了反德情绪，中国报纸还将此事与德军从高密和胶州撤兵联系起来。

锡乐巴端详着一份德文报纸，不明白区区一件小事，何至于此？自己处理得及时、得当，那些中国官员怎么会在报上说：由此可推断铁路公司"虐待华人已视为成例""若不将此等妄为之事从此杜绝，则铁路公司之后患正复无穷"……报上的评论还称，中国人不再处于德国占领初期的那种卑躬屈膝的地位了，所谓的"黄种人"获得了自信，不能再由外国人做主了，云云！更令他头疼的问题是，舆论现在已经把这件事情上升到两个国家之间的关系上。

德国公使穆默表达了对此事的不满："中国人中流行的这种情绪很典型，每一件微不足道的、以前都不会引起注意的事情，现在都被夸大成了不寻常的事件，并对外国尤其是德国进行漫无边际的攻击。"身处风口浪尖的锡乐巴最清楚，中国人的这种情绪由来已久，自从他来到山东主持胶济铁路建设的时候，就已经在逐步酝酿，不断累积了，抗德阻路暴力冲突至今令他心有余悸。

避寇逃亡的生命线

1937 年七七事变爆发后，北平、天津、上海相继沦陷，津浦铁路始终是中日双方军队争夺的焦点，为了抵抗日军南侵，8 月份津浦路济南至德州间线路就被破坏，大批滞留在平津的难民为了避免战火，从 8 月份开始就纷纷取道天津，乘船至烟台或青岛后，沿胶济铁路到济南，再转津浦铁路南下逃亡。此时的胶济铁路已然成为中国民众南逃的唯一"生命线"。

天津站，一群中国人通过日军的盘查，找到一家大旅馆住下。没想到日军警备司令部竟设在这里，众人吓得一夜未眠，第二天一早就逃进法租界。按原定计划取道天津后到南京集中，然后再去上海。打开 8 月 14 日报纸一看，日军昨日进攻上海，上海去路已断。他们在天津苦等了近十天，终于登上一艘开往烟台的英国商船。到烟台时，只见日军潜艇炮口直指市区，中日双方军队正在对峙，战斗一触即发。下船后，一行人住进两军对峙中间地带的一家旅馆。因太危险，找熟人弄来两辆汽车，载着众人匆忙离开烟台。到了潍县，正赶上从青岛开往济南的最后一班火车。这群人就是沈从文和清华大学、北京大学两校的朋友。

潍县站，一对夫妇搀扶着一位老人，还带着两个不满十岁的孩子，一早就登上了青岛开往济南的第一班火车。火车在胶济线上行驶，不时有日军的飞机从上空呼啸着掠过。每到这时，火车便立刻停下来，拉响警报，男男女女便慌慌地跑下车去。日机飞得很低，几乎可以看到机身上红色的"太阳"标记。下午 3 点钟终于到达济南，这里挤满了逃难者，所有旅馆都已爆满。他们请山东省教育厅帮忙，总算在大明湖边找到了一家条件不错的旅舍。在济南滞留两天

20 世纪早期乘坐棚车的旅客

后，全家人终于从津浦铁路济南站挤上了南下的火车。这一家人就是梁思成、林徽因夫妇，8 岁的梁再冰、5 岁的梁从诫和孩子们的外婆。

济南站，聚集了数以千计由烟台徒步而来的年轻学生，其中一名女学生丁金相，忽然遇见了自己的老师，二人相见大惊。丁金相问："老师到哪里去？""到南京去。""去做什么？""赴国难，投效政府，能做什么就做什么。""师母呢？""我顾不得她，留在北平家里。"临别时，丁金相特地跑出站买了一瓶白兰地、一罐饼干送给老师。师生之谊，溢于言表。这位老师

20世纪40年代火车上的中国乘客

就是北京大学教授梁实秋。

乱世羁旅，飘如浮萍。战争阴霾下的众多中国百姓与沈从文、梁思成、林徽因、梁实秋等学者们一样，经胶济铁路在济南转车后，沿津浦铁路南下徐州，转陇海铁路向西，一路飘零，流亡大半个中国。

20世纪20年代：胶济铁路曾力图振兴

1923年1月1日，胶济铁路路权在国人不屈不挠的抗争下回归中国。此后，胶济铁路管理局投入大量资金积极整理路务，着手解决"商旅裹足、货运不流"问题。几年间，胶济铁路扭亏为盈，"社会声誉日隆"。

痛定思痛组织胶济铁路大修

1923年2月16日凌晨3时30分，随着潍县云河铁路桥的一声巨响，胶济铁路全线中断。此时，正值除夕之夜，距离胶济铁路正式接收刚刚一个半月，一起恶性事故给沉浸在路权接收和节日喜庆中的胶济铁路管理局全体职员头上浇了一盆冷水。

15日夜，本该晚上才从青岛开出的37次货运列车，提前编组发车。司机、司炉急着回家过年，一路"抢点"行车，沿线车站都想着能提前下班，非但没有控制压点，反而一路放行。行至高密，站长竟然慷慨应允与另一台美制机车连挂运行。凌晨行至潍县云河铁路桥，大桥第三、第四孔钢梁重压断裂，两台机车及6辆货车坠于桥下，1名司机死亡，5名司乘人员受伤。后调查原因，司机超速、机车联挂、车站违规放行、钢桥负载等级严重不足，且年久失修难以负荷，是这起事故的主要原因。

随后的一整年，无论哪个岗位上的铁路职员都不敢懈怠，但年底还是发生了张店段长葛燮生被绑票的恶性事件。更令舆论哗然的是，来年1月18日夜，

1923年2月垮塌的胶济铁路云河铁路桥

1925—1926 年胶济铁路大修中，一列火车驶过铁路桥

竟然等来了撕票的结局。俗话说："福无双至，祸不单行。"就在撕票同一天的早晨，更严重的事故不幸再次发生。1 月 18 日晨 5 时 30 分，从济南开往青岛的第 2 次乘客列车行至周村附近，车厢突发火灾，但火车依旧疾驰，乘客死伤 46 人。接二连三发生的事故，暴露出胶济铁路线路设备老化失修，接收后管理能力欠缺和专业人才不足等诸多问题。

随后的几年，胶济铁路管理局在全线组织大修改造。

为了杜绝潍县云河大桥事故的再次发生，按古柏氏 E-50 级标准设计新桥，从国外购买新梁，将全路干线桥梁逐年分批更换。所有新建桥梁，皆由工务处依照部颁钢桥规范设计，跨度在 10 米以下的用工字梁或钢筋混凝土桥，跨度在 10 米以上至 30 米的用钣梁桥，30 米以上的用花梁桥，遇有适当地点则改建钢筋混凝土桥或增筑桥墩将跨度改小。针对钢轨磨损严重的情况，干线全部更换为部定标准 43 公斤 C 型钢轨，并换成木枕。此外，改造沿线站场、增设延长轨道、修筑专用线、增筑上煤台、增建调车场、站舍、地下通道、增购机车车辆、更新电务设备、增建四方机厂厂房和机器设备。经过十多年的逐步修整，胶济铁路技术装备和运输效率的整体水平得到很大提升。

媲美西湖博览会的青岛"铁展会"

1935 年 7 月 10 日下午 3 时，以提倡国货为主题的第四届"铁展会"在青岛隆重开幕，各界代表千余人出席了开幕典礼。

展会入口，大牌坊上写着"全国铁路沿线出产货品展览会"。进入会场，展厅按照全国铁路线分布。第一进院落一楼左侧是名产馆，右侧为津浦馆；二楼左侧为京沪杭甬馆，中部为浙赣馆，右为平汉馆。第二进院落一楼左侧是北平馆、中间为正太馆、右侧为胶济馆；二楼左侧是平绥馆，中间为陇海馆。各馆展品分为矿产、农产、森林、禽畜、工艺等五类，各项货品标示货名、用途、产量、出货时季、产地、销行地及销售数量、价值、运输方法、捐税、图表等内容，方便客商了解。对于果品、蔬菜之类不易长期存放的展品，做成了标本或摄成照片展示。还有些展品或装木匣、或盛玻璃瓶、或系彩线，装潢方法美观又没有较大浪费。

胶济馆所列货品最多，还特别刊印了《铁道部全国铁路沿线出产货品展览会胶济铁路物产一览》，向参观者免费赠阅。解说词如下："胶济铁路，横

1935 年第四届"铁展会"胶济馆外景

1935 年青岛"铁展会"胶济馆机械品展示

贯鲁省，路线所经，悉属沃野，农产之盛，著于华北。复据有青岛烟台各海港，工商业得风气之先，进步甚速。只以国内交通不便，推销未广，各地人士，知者尚鲜。此种景象，揆诸国内，随处皆然，固非胶济沿线工商，有此感觉而已也。"

除两进院落展区外，铁展会还设置了特色机械品展馆，展示各路特有的设备，如行车设备模型、胶济铁路四方机厂生产的机器。展馆除楼房以外，在操场上还搭了几个大棚。各个展馆都费尽了心机进行布展。胶济分馆给博山煤矿做了一个模型，使人可以看到矿下采煤的场景，旁边展览着许多块黑得发亮的煤块。津浦分馆有谷子地模型，用瓶子装着优质小麦、玉米、谷子。京沪分馆还有风景模型，如南京中山陵，沪杭甬分馆中工业用品最多。展览馆以外的售品所，所出售商品包括各地的名优产品，如山西竹叶青酒、汾酒；上海的钢精壶、锅、丝绸、布料、袜子、鞋等，全为国货产品，没有任何洋货。汉口、上海两地出产的绸缎和金华火腿，天津国货公司出产的毛巾和布匹，北京玉行商会出产的玉器工艺品，京沪沪杭甬馆出售的脸盆、手电筒、服装等，均受到消费者的推崇。和前三届相比，这届铁展会还有一项创新内容——设立电影礼堂，每日下午2时至5时，放映全国铁路沿线城镇地理风光纪录片，宣传推介特色旅游文化资源。

胶济路局适时推出了暑期折扣票价，并联系市府路政增加市区公交车班次，以利外地游客携妻挈子前来观展避暑。展会每天人头攒动，各种货物适合着各色人等的心，怀里抱着，腋下夹着，手里提着，脸上流着汗，嘴里喘着气，碰着人还不住争相夸耀："你看，我买了样顶便宜的东西。"《青岛晨报》《青岛平民报》都出版了"第四届铁展特刊"。洪深、老舍、王统照等10多位来青岛的作家、学者合办刊发10期文学周刊《避暑录话》，大受铁展会期间读者欢迎。

8 月 10 日，第四届铁展会圆满结束，参观者计 60 万人，销售额 30 万元，成为展馆最多、展品最全、参观者最众，可与"西湖博览会媲美"，青岛开埠以来最大之盛事。

"胶济赎路"不可能完成的任务

1923 年中国政府收回胶济铁路权固然令国人振奋，但中国需要支付日本 4000 万日元赎回。国民齐呼"一定要把胶济铁路从日本人手里赎回来"，无奈一旦到了要把真金白银从自己的口袋里掏出来，雷声大、热情高，实际情况却很曲折。

华盛顿会议交涉之初，中国民众洞察胶济铁路无条件收回已属无望，在声援华会代表尽力抗争的同时，便已开始探讨如何筹集巨额款项的问题。1922 年 1 月 17 日，全国商会联合会联合京师总商会、京师农会、北京教育会、全国报界联合会、全国学生联合会共同成立了"救国赎路基金会"，并发布宣言，呼吁"于六个月内集得三千万巨款"。1 月 14 日和 2 月 1 日，交通部两次通电全国，提出拟将该路归为民业，由人民筹款赎回自办，并号召人民筹款赎路。2 月 23 日，"北京学界赎路集金会"成立，各地或认筹路股，或会议办法，或采取游行、演讲、游艺会等形式进行宣传，或联络海外的华人华侨以"共策进行"，还组织众多劝募机关，声势浩大，报纸杂志也积极参与，连篇报道。1922 年 6 月 19 日，为统一组织各地筹款，督办鲁案善后事宜，公署成立了胶济铁路股份有限公司筹备处，公布了招股简章，积极向各界劝募。但招股工作截至 1923 年 12 月期限将至之时，自由储金和扣薪储金共计只有 20 余万元。筹备处只能将原定 1923 年底的截止期限延长一年，但直到 1928 年，仍然没有收集到足够的存款成立公司，筹备处只能将存款一一发还。

国民筹款赎回胶济铁路的民办计划最终失败，筹款赎路的一切问题都要胶济铁路当局"自己扛"，偿还赎路日债一直是压在胶济路头顶上的一块大石头。最初两年的利息均顺利支付，但

1936 年 9 月 9 日，《世界日报》刊登的报道《赎回胶济铁路需款三千万》

1925 年受江浙战事影响，诸多机车被征调，收益下滑，利息未能集齐，直到次年 3 月才全部付清。1926 年，被征调的机车虽被返还，但影响还是不小，没有余力支付利息，到年底时已欠息 180 万。只能与日本总领事磋商暂缓还息，但要支付年息 9 厘的延期复息。由于时局不稳，铁路营业并不稳定，1927 年和 1928 年连利息都难付清。1929 年，胶济路局对路务进行整理，取得了不错的成效，偿清了以往的欠息，自此之后每年的利息都能按时支付，但距离还清巨额本金仍然是遥遥无期。

转眼到了 1936 年底，距离偿还日债的 15 年期限仅剩一年，胶济路从每年盈余中按月提拨偿还国库券的基金余额还不足 1000 万元。胶济铁路举步维艰，力图振兴的步伐随着 1937 年 7 月日军的全面侵华止步于此。

精益求精的胶济铁路饭店

20 世纪二三十年代，胶济铁路饭店坐落于胶济铁路济南火车站主楼西部，旅社兼营西餐，"器具陈设，富丽堂皇；水汀浴室，各备其长；中西大菜，选择精良；侍役招待，勤慎周详"，往来军政要人多寓于此。

一则经营启事

1924 年 8 月 27 日，《大青岛报》刊登了一则《胶济铁路饭店饭车启事》："胶济铁路饭店已于 8 月 1 日由鄙人接办，日管时代饭食价值既昂且其割烹方法不同，而酸咸滋味迥别，所以旅客常有食无下箸之欢也。鄙人接办以来，特请京沪超等厨师，烹调适口，饭店房间清洁，陈设齐备。车内饭堂宽阔、伺侍周到。三等小卖物美价廉，西餐洋酒一切价目均悬有详表，一目了然，务望中

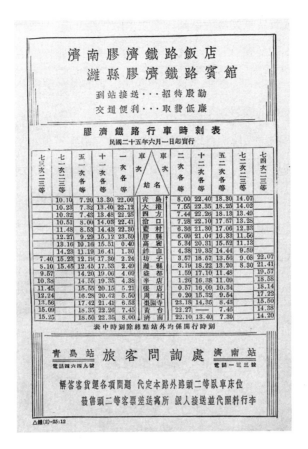

1936年刊登的胶济铁路饭店广告

外绅商驾临赐顾。"

发布这则启事的人是青岛驻霞仙馆饭店经理丁子明，也就是文中自称的"鄙人"。1924年2月15日，丁子明在胶济铁路管理局组织的"胶济铁路饭店连同青岛济南间客车饭车经营权"招标中，以700元的次高额中标。8月1日正式对外营业，由此把饭店生意从东端青岛沿胶济铁路拓展到西端济南。

启事中提到"日管时代饭食"，是指1914年日本从德国手中侵占胶济铁路后，接续完成胶济铁路济南新站房，在车站二楼开设"铁道旅馆"用于接待日本军政商人和过往旅客。1923 年 1 月 1 日，中国政府将胶济铁路收归国有，胶济铁路饭店一并收回。参照济南津浦铁路饭店的经营模式勉强维持了一年，未见起色之下发布了饭店饭车同步招标的公告。

启事中还提到"一切价目均悬有详表"，此言确实不虚。在所附的表格中，丁子明详列了饭店饭车每日三餐及部分酒品的价格：早餐每位七角五分、午餐每位一元二角五分、晚餐每位一元五角；青岛啤酒每瓶四角五分、五星啤酒每瓶四角、大碗香每瓶一元二角、红玫瑰每瓶一元四角、狮牌汽水每瓶二角、双狮汽水每瓶一角五分、碱汽水每瓶二角。

随后的 6 年多，丁子明往来于青岛济南之间，同时经营着驻霞仙馆和胶济

20 世纪 30 年代，位于胶济铁路饭店内的胶济铁路济南站贵宾室

铁路饭店饭车，在饭食种类和服务标准上精益求精，经营收益日渐丰厚。1927年7月出版的《济南快览》中评价："济南之高等旅馆，如津浦胶济两路自设之饭店。不但组织完备，而建筑亦极壮丽。旅客宴友，亦可代办。自备汽车，接送旅客，是以旅社而兼餐馆也。惜房间太少，不能容纳多数旅客。且对于本路之职员，有半价之优待。房金每日自六元至二元不等。"

1930年，改制后的胶济铁路管理委员会做出了"饭车饭店改归本路自办"的决定："本路饭车饭店自接收后即由商人丁子明包办，惟数年以来，殊详进步，对于旅客之便利，多未顾及。现经营管理委员会决议，改归自办。"当年底，终止了与丁子明的合同。1931年1月1日，胶济铁路饭店改由胶济铁路自主经营。

一个惊魂夜晚

1928年5月10日夜，胶济铁路饭店里死一样的沉寂，没有水、没有电灯、连蜡烛也没有，一个人躺在床上辗转反侧，却始终难以入睡。突然觉得胃里一阵剧烈翻腾，忙摸到黑乎乎的窗口，探出身去，对着黑夜一阵呕吐。吐完了，他爬回床上，沉沉睡去。

这个睡在胶济铁路饭店的人叫哈雷特·阿班，是美国《纽约时报》驻华记者，为获取日本出兵山东真相，辗转大连、青岛，乘坐胶济铁路列车来到济南。一路险象环生，火车一次次遭受袭击，只好反复停车，车上的日军向伏击的中国军队开炮。每当停车修理轨道、桥梁，便会有乱枪射来，于是日本兵就冲出车厢，借着探照灯搜索周边的沟壑山坡。一整夜，外加次日上午，火车都在蜗

1928 年，悬挂着侵华日军师团司令部条幅的胶济铁路饭店入口

行。放眼望去，城镇和村庄都被摧毁了，农田里空无一人。时不时会见到成堆的尸孯，有些着军服，有些着便衣，路基两旁不时可见零落的死尸。临近济南，漫山遍野全是逃难的人，一行行一列列，大包小包，气喘吁吁地逃离济南。10日中午，列车停在了胶济铁路济南火车站。美国人的出现让车站的日军感到莫名其妙，随即把阿班扣留在胶济铁路饭店楼上。关押了几个小时后，阿班经交涉拿到了一张可以自由活动的军人通行证，但规定天黑前必须回到胶济铁路饭店。这时阿班才得知，胶济铁路济南站连同车站饭店，几天前已经被日军征用成为山东派遣师团车站司令部。集结的日军在站前广场耀武扬威地进行阅兵，与蒋介石的北伐军对峙。随后的几天，阿班就这样白天出去采访，晚上赶回胶济铁路饭店。

　　阿班眼中，四十万人口的济南街头见不到一个中国人，只有日军的巡逻队

1928年，胶济铁路济南站前的日军，照片上方为胶济铁路饭店牌匾　云志艺术馆藏

来来去去。人行道上，建筑物门口，甚至大路中间，到处横陈着中国人的尸体，大多肿胀变色。有些穿军服，有些着便衣，男女老少都有。房屋大多被毁坏，余烬还在冒烟，断壁残垣，孤门破窗，商店几乎尽皆被毁，劫掠一空。阿班感叹："那个酷热的5月下午，济南让我见识了集体大屠杀，那些画面是全新和震撼人心的，人类肉体被弹片撕碎，死者长时间得不到掩埋，尸体被弃诸尘土或烂泥沟，更有成群的老鼠趁夜出没，把儿童的尸体咬得血肉模糊。"

　　8天后的最后一晚，阿班在胶济铁路饭店的房间里着手记录下"济南事件"的所见所闻，稿件杀青时已过午夜。次日早6点，阿班乘坐一列特别列车，沿胶济铁路返回青岛，一路上不停地修改着稿件。当日晚9点过后，抵达青岛的阿班第一时间奔往电报局发稿，酝酿成稿于胶济铁路饭店的关于"济南惨案"的第一篇中立报道，由此传向世界。

精益求精的胶济铁路饭店

一次新闻采访

1929 年 5 月，胶济铁路管理局作为试点改组为胶济铁路管理委员会，设委员长一人，委员若干人。胶济铁路委员长葛光庭在 1933 年 4 月出版的《交通杂志》第 1 卷第 6—7 期合刊上，署名发表了一篇文章《胶济铁路整理路务之过去与将来》，文中写道："自管理委员会成立以后，殚精竭虑，尽力筹维，凡有益于运输事项无不兴，而于运输有妨害，及行之既久，易致弊端者无不革，其它损益盈虚，权衡轻重，亦不无讨论研求，以期至当……"

1933 年 6 月 5 日晨，葛光庭从青岛乘车抵达济南。刚到车站内的胶济铁路饭店，就被闻讯而来的记者们团团围住，询问来济任务及路政近况。葛光庭随即接见作答，称"胶路与山东省民生治安均有密切关系，胶路路政及鲁省政情，实有互相贯通之必要，故余时来济，一面探望韩主席，一面协商各种问题，共谋民生发达，路政进展"。

采访中，葛光庭重点谈到了胶济铁路正在筹备的货运保险业务。他认为路局收入与商业有切实关系，多一个商人，路局即多一份收入；反之，少一个商人，路局收入即受相当损失。商人的资本向来都不富余，如果货运过程中发生重大损失，可能立即就会破产。如果公家以公有财力扶植，就能逐渐恢复元气，间接也关系到铁路局的收益，是一件十分重要的事情。胶济铁路所以办理保险，就是本着此种目的为货商着想，而不是仅仅为路局增加收益采取的办法。其详细章程正在草拟，提请铁道部审核同意后秋季可望实行。

随后，葛光庭又谈到"津浦胶济联运事项，已由两路局会呈铁道部，尚未批下"。此前，两条铁路联运的事情几经波折反复。德管时代曾在济南站与

1933 年 6 月 7 日《世界日报》刊登的报道《葛光庭由青抵济谈话，胶济路筹办货运保险》

津浦路联轨互通车辆，自日本强占后终止。南京国民政府接收以后，1925 年 3 月 1 日起恢复两路联运，但实行数年后便陷于停顿。葛光庭这次谈话后，胶济、津浦两路又多次会商，直到 1933 年 4 月才商定办法，于 10 月 21 日起实行。此次联运比之前有许多进步，两路全线各站一律办理联运。过去联运货物需要货主自行负责，而现在除少数货物外，均由铁路负责，同时实行泺黄联轨，即胶济路、津浦路与黄河运输实现联运。

谁料胶济铁路刚刚解决了与津浦路、黄河的联运问题，1933 年 11 月铁道部就颁行了《全国铁路负责货物联运办法》。京沪、沪杭甬、津浦、北宁、平绥、正太、道清、陇海、平汉、胶济、湘鄂、浙赣等 12 条铁路相继加入国内货物联运，各路货运都可一票直达。为统一起见，铁道部取消了胶济、津浦两路所实施的联运办法，一律实行部定办法。津胶两路根据之前制定的联运办法和泺黄接轨联运办法，另外订立了两路货物联运办事细则。1936 年 5 月 26 日，又制定了《青京联运通车办事细则》，6 月 1 日起开行。每星期一由青岛挂胶济路一次至济南，转津浦路三〇五次至浦口。每星期四由浦口挂津浦路三〇六次至济南，转胶济路十二次至青岛，两路之间的联运客车更加方便了出行旅客。

胶济铁路与煤商的爱恨情仇

全世界第一条铁路因运输煤炭而生，中国修筑的第一条铁路因运输煤炭而建。在山东，德国强迫清廷与之签订《胶澳租借条约》，同时攫取了山东第一条铁路的修筑权和沿线采矿权，铁路与煤炭注定存在天然的联系。

章程中的"陷阱"

德国获得胶济铁路沿线采矿权后，山东矿务公司于1899年10月10日成立，负责德方在山东的开矿事宜。德国公司在山东开矿带有较重的军事殖民侵略色彩，与当地民众甚至官府冲突不断。为缓和矛盾，山东矿务公司和山东巡抚衙门于1900年签订了《山东德华矿务章程》，其中第十七款载：

德文文本："……三十里内，除现办之华矿外，只准德国公司开挖煤矿及

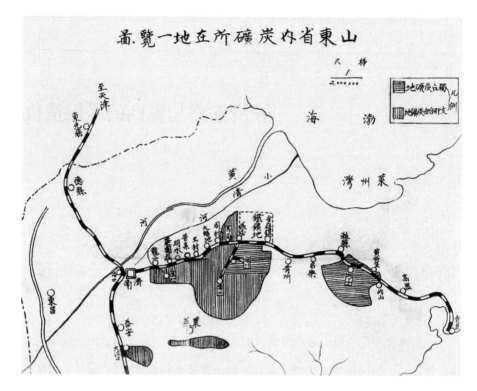

20世纪初，日本人绘制的《山东省内煤矿所在地一览图》

他项矿产。其当时正在开办之华矿，仍得照向来办法办理……"

中文文本："……三十里内，除华人外，只准德人开采矿产。凡经华人已开之矿，应准其办理……"

章程执行后，就是这一款细微之处的不同，令山东矿务公司大为惊惧，在向山东巡抚衙门提出抗议无果后，不得不在1904年下半年，恳请德国驻京公使穆默向中国政府提出严厉抗议，并对原《山东德华矿务章程》进行修订："必须让中国官员充分并毫无保留地承认，再有任何进入三十里地带的中国矿井都是非法的。同样重要的是，这些矿井必须按我们的要求关闭……第十七款必须

20世纪初青岛港实现海陆联运后，出现了专业运煤工

确定无疑，不能再有任何其他争辩。如果我们觉得该区域内的中国矿井有任何危害，那么他们就是非法的。"

　　山东矿务公司之所以对章程第十七款如此惊惧，正是源于中德文本细微差别产生的重大差异。中文文本没有"现办"和"照向来办法"字样，这就意味着省略了对现有中国矿井只能用传统方式经营的限制性规定，中国矿主能以一个曾在三十里地带开采过旧矿井的名义开一个新矿，并且可以使用机器。在德国人控制的铁路沿线范围内，中国人能使用现代开采设备自由开矿，从而打破了山东矿务公司的垄断。德国人无法确定这两处省略是中国人有意还是无意为之，但凭借此条款的保障，山东巡抚却极力鼓动中国人开矿，致使山东矿务公司遇到了接二连三的麻烦。

1903 年初，随着中国人"抢地盘"越来越多，山东矿务公司向山东巡抚周馥提出抗议。周馥承认《山东德华矿务章程》两个文本不一致，但他却强调章程不能更改，根据中文文本，中国矿井是合法的。他还暗示德国人最好放弃在三十里内拥有垄断权的想法。

1904 年底，德国公使穆默将矿务公司的四项条款以《山东矿务续章》的形式照会清政府外务部，被清政府断然拒绝。1905 年 1 月，清政府外务部通知穆默，中方不会考虑举行谈判来修订 1900 年的《山东德华矿务章程》。外务部称，这样做没有正当理由，中文文本的合法性等同于德文文本的合法性，山东矿务公司事实上是在要求新的特权。

清廷还将这四款要求透露给报界，舆论哗然，谴责之声不绝于耳，德国政府极其难堪。为了防止德国人垄断，山东巡抚还从省金库拨款向矿山投资，中国矿业企业利用国家的支持继续更新设备，提高开采量，由此形成与德方山东矿务公司的竞争。

"借壳"经营的阴谋

1916 年，博山博东煤矿华商徐永和因资本不足，难以为继，同日商东和公司订立了包买合同，私自以福山坡、王家峪、黑山前根等处矿山作抵押，向东和公司预支押款 3 万元。1917 年 3 月徐又与东和续约，再次预支押款 5 万元。但这份合同并非单纯的卖炭契约，其矿场设备已有日商投资在内，卖炭契约只不过是表面文章。通过不断投资以债权人的方式控制矿权，东和公司成为博东煤矿的实际主持者。1923年初，博东煤矿与东和公司达成合办矿山的协议。1924年7月，中日合办的博东公司成立。至此，东和公司经过多年苦心谋划钻营，终于在博东取得了合法采矿地位。

东和公司在与徐永和续约的同时，还包买了华商信成公司开采的黑山煤矿三处矿井。因缺乏资金，信成公司经营一直难以为继。1916年9月，东和公司以7万元购得信成公司煤经销权，信成公司则依赖东和出资维持生产经营。为了避免引起当地人士的非议，合同由东和公司经理，中国人吴子臣出面订立。1917年7月，由于信成公司没能履约，东和公司以信成公司未履约导致债务为由，迫使信成公司与之缔结租借开采合同，取得了博山矿区99万平方米15年的开采权，并计划逐步将矿区扩展到198万平方米。此外，华商义成

20世纪初的淄川炭矿全景

民国期间的淄川炭矿大门

公司赵家洼、高家林两处矿井的煤也由东和公司包买。在投资参与博山煤矿开采的同时，东和公司还投资 2 万元，在当地开设了骸炭工场，采用新式炼焦窑从事生产，有窑二三十座，每座可装煤 1.5 吨，月产 300 吨，在博山的总投资额也达到了 30 万元。

　　1924—1930 年，博东公司经营 7 年，只得纯益 4 万余元，经营并不成功。当中虽有运输不便、流动资本缺乏等原因，但该矿与东和公司订立的买卖契约是其致命伤。博东煤矿产煤质地优良，易于推销，但东和公司通过与之签订的卖炭契约掌握了煤炭的销售权，不合理的定价使东和公司大得其利。1930 年东和盈余达 20 余万元，而博东仅为 3 万元。中方在董事会上提议取消与东和公司的买卖契约，终因日方反对而未能实现。

当时在博山矿区，"利用华商出面冒领矿权，自己却享有矿权，而分给华商一盅羹，是日人常用的方式。这种张冠李戴的方式，是逃避中国矿法约束最有效的方式"。东和公司以买炭合同的形式投入预付款，通过买炭协议来控制煤井的采煤与运销，当矿商无力履行合同之时，包买商便变成了债权人，从而获得了矿井的实际经营权，是这个时期不少日商在矿区通常采取的资本扩张方式。

煤商罢运的风波

1931年10月15日，淄川博山煤商代表赴济南，向山东实业厅请愿，表示："倘胶路当局，悍然不顾，坚持加价，即决定罢运，不达目的，誓不罢休。"10月18日，煤商代表赴南京向铁道部请愿，呼吁"取消胶路运煤费加价两成"，否则"势将歇业"。随后，上海煤业界接连致电国民党上海特别市党部、上海市政府、社会局、上海市抗日救国委员会、上海市商会、上海农工商学各团体等社会各界，陈述此次胶济铁路管理局运费涨价甚为不宜，并请求铁道部制止煤炭运费涨价。10月29日，铁道部回电明确拒绝停止涨价要求。由此，源于胶济铁路、波及上海、惊动南京的煤商罢运风波进入高度白热化。

事情的起因还要从1931年的春天说起。铁道部为改善胶济铁路的经营状况，饬令胶济铁路管理委员会于5月1日起，客货运价一律增加两成以资补救。但这一决定引起了胶济铁路沿线煤商的强烈反对，煤商提出不能把胶济铁路自身管理不善的负担都转嫁给沿线煤商，而且一次提价两成，幅度如此之大，前所未见，广大煤商断难接受，也无力经营。分别向胶济铁路当局和南京铁道部

民国期间，设在黄山火车站的鲁大公司营业大楼

请愿无果后，决定 5 月 21 日开始罢运，沿线煤价应声飞涨，而且罢运风潮迅速波及上海。

5 月 28 日，《益世报》上登文《胶路煤商罢运风潮显有日人从中策动》，文章把矛头指向中日合办的山东鲁大公司。罢运只能导致"双输"，无论日本方面是否真的介入其中，三天后，胶济铁路管理局与煤方暂时达成共识，大意是煤商先行复运，暂按夏季减价办法，减价时间延长为 6 个月，减价办法和运率商定仍须呈交铁道部核办。谈判后的第二天，煤商开始复运。

1931 年的整个夏天，在貌似风平浪静的状态下安然度过，10 月初，胶济铁路管理局宣布，按照协议，夏季减价期限已到，拟于 11 月 1 日恢复煤炭内销出口运费加价两成的政策，与沿线煤商的矛盾再次浮出水面，由此出现了本文段落开头的一幕。

　　双方各执一词，矛盾不断升级。面对煤炭市场日益恶化的局面，实业部致电铁道部："此时似非所宜，可否即电胶济铁路局收回成命，或将施行日期，酌情展缓，以免率动各方人心之处。"面对各方压力，胶济铁路允许煤商内销、外销运费增加部分不用支付现金，只需记账即可。煤商最终接受条件，9日复运，牵动各方的罢运风潮落下帷幕。双方这时都已经意识到，他们各自真正的对手，已然不是对方，而是如何抵制不断加大对华倾销的日煤。为减轻国煤运输成本，在铁道部授意下，胶济铁路管理局最终没有执行煤价运费加价两成的规定。

胶济沿线中外货商之争

胶济铁路开通后，为沿线商业发展提供了崭新的舞台，民族企业蓬勃兴起，但其发展始终受到外资企业的抑制，华商与外商之间展开了激烈的竞争。

悦来公司胶济布局

这一天，山东青州丝商冯掌柜走进了青州府火车站附近的悦来公司青州分公司。见冯掌柜登门，悦来公司的吴掌柜笑脸相迎。一阵寒暄过后，冯掌柜提出想去上海办理业务，拱手询问悦来公司能否代为办理车票。吴掌柜拱手还礼道："冯掌柜客气，去上海的事情好办，悦来公司就有这项业务，一切行程尽放宽心。只要冯掌柜确定了时间，我们会安排一位伙计提前购票，并送冯掌柜登车去青岛，还会在青岛预订好悦来旅店，他们也会派伙计到车站接您，并按

1910年胶济铁路货运单，收货方为悦来公司

照您的要求购买从青岛去上海的船票。"冯掌柜听后乐道："这么方便，没诳我吧！"吴掌柜信誓旦旦地说："别说冯掌柜您出门，前段时间益都知县带着衙役去济南府，都是通过悦来公司安排。我们派专人去了县衙，统计出行人数、乘车等级和行李，知县大人按照时刻表确定了时间后，我们请他提前在悦来公司休息候车，一直到派车马送府里一行人持票上车。济南府悦来公司的伙计们也早已于列车到达前在站台待命，听候知县差遣。月底，伙计再到县衙收账。"冯掌柜听后，知道此言不虚，立刻回复道："宜早不宜迟，那就明天，请吴掌柜费心给安排去上海的行程，就我一个人，费用我让伙计一会儿送过来。"

上面这一幕发生在胶济铁路开通之初。胶济铁路通车前，德国山东铁路公司担心铁路运输对中国人而言比较困难，倡议建立依托铁路运输经营的转运公司，除办理客运服务外，主要代客商向铁路接洽车辆、装运货物，办理铁路沿线货物的往返运输。悦来公司就是其中实力最大的，由宁波商人丁敬臣与山东商人及山东官员共同组建，总部设在青岛，1901 年青岛至胶州段通车的同时开始运营。

悦来公司在胶济铁路所有重要车站附近都建立了分公司，各分公司按业务规模设大小不等的仓库和客房区。1901 年，首先在青岛站旁边按欧洲建筑风格建了一座大饭店，后来也提供住宿。同年在胶州设分公司，次年在潍县、青州府和周村各建了贸易公司、仓库和带有储藏站及马厩的旅馆。1903 和 1904 年在济南府东站和济南府西站各建了两层商业大楼。同时，公司在淄川、博山和其他小站设代理机构和人员。1904 年 6 月 1 日胶济铁路全线通车时，悦来公司可以为其客商提供沿线的各种业务联系。

悦来公司货运中介业务的运作方式一般是这样的：比如胶州商人刘某要给在潍县的客户王某发送一车纸，悦来公司会告诉他，铁路运费是 40 元，如果再加 8 元，就可以将货物从刘某的住处运到铁路上，他什么都不用操心，这样运费一共是 48 元。然后悦来公司在胶州车站订一辆车，取来纸，装车并代填货运单。第二天纸运达潍县，悦来公司将纸接到仓库，然后发给接收人王某，由王某自己支付该笔运费。为扩大市场，悦来公司还向内地派出很多业务代表，促进了铁路运输的兴盛。

青州丝商壮志未酬

冯掌柜所在的青州府商贸活动繁盛，植桑养蚕产业发达，是丝绸之路重要的陆路源头之一，被誉为"海岱都会"。自1904年胶济铁路通到济南府，潍县、周村跟随济南开埠后，青州府恰在铁路中心和潍县、周村之间，成为山东一大城镇。

青州作为临近各县丝绸集散中心，临朐、潍县、安丘、尧沟之丝，咸荟于此，每年集散额不下 200 万匹，生丝买卖十六七万斤。在这里，生丝交易全靠行栈经营，裕厚堂、元亨义、裕祥福是青州几家最大的行栈，有的已经几代经营。清中期茧绸多销往京师、冀豫等周边地区。1860 年，随着烟台的开埠，丝货逐渐销往国外。特别是德国商人在烟台设立了缫丝局，使用机器缫丝出口后，青州运往烟台的丝货量更是成倍增加。周边山西、河南等省的输入量大减，甚至还通过青州输出销往烟台。但随着胶济铁路的开通，精明的青州丝商很快

20 世纪初胶济铁路青州府站一景

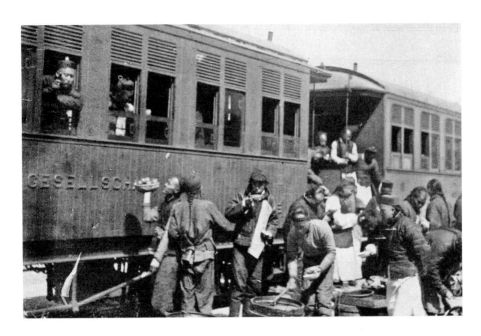

20 世纪初胶济铁路站台一景

发现了铁路运输的发展趋势。省内所纩之丝大多为上海洋商订购,本省出产的蚕茧根本不够,每年都从东北输入大批蚕茧以供缫丝业之需,改由青岛输入输出的数量日益增多,日渐超过烟台的势头。

随着丝货生意的兴盛,刺激着青州丝商们用开行栈的积蓄开办机械化缫丝厂的创业欲望。1908 年,青州丝商李敬义在周村创办鸿裕缫丝厂,安装半机械化缫框 48 支,雇工 200 余人。翌年,李敬义与徐芳洲、马紫封合资建裕厚堂丝厂,并亲往无锡、上海等地参观机器缫丝,购进安装蒸汽机及动力缫丝机,开周村及北方地区机械缫丝之先河。裕厚堂丝厂成为当时山东规模较大、设备先进的华商资本丝厂,出产的生丝质地优良,悉数运往上海出口。随后周村相继出现了恒兴德、同丰、源丰等大型机械缫丝厂。这些丝厂引进意大利缫丝机

600 余台，以蒸汽机为动力，成倍提高了生产效率。至 1916 年前后，周村有丝织户 3000 家、纺织机 1500 台，技工、学徒七八千人。

在周村机器动力缫丝业兴起的同时，青州成为山东另一蚕丝生产中心，也开始出现新式缫丝工厂。青州省立蚕丝劝业场制丝部所属制丝厂于 1919 年正式开工，规模虽小，但使用的却是新式缫丝机器，生产率和出丝质量远比旧式手工缫丝优越。在该丝厂的影响带动下，当地民族资本开办的德昌福、义泰昌两家丝厂也相继采用机器缫丝。但国际上战争频发的局面，国内动荡不宁的社会环境，加上沉重的捐税负担，严重阻碍着民族资本在缫丝业中的发展。仅青州一地，1930 年日商缫丝厂的缫丝机总数已达 1332 台，而华商机器缫丝厂的缫丝机却只有 760 台，丝产量也只有日商丝厂的一半。日商丝厂拥有雄厚的资金和先进的技术设备，华商经营的丝厂很难与之竞争，在"内忧外患"的双重压力下，近代山东缫丝业始终未能完成由手工缫丝向机器动力缫丝的全面过渡。

东和公司山东发迹

第二次鸦片战争后，烟台成为山东唯一开埠通商口岸。日商最初主要经营航运，东和公司由此起步来到山东。但它经营的地点不是烟台港，而在尚未开埠的邻近龙口港擅自开设了轮船公司。

1897 年德国侵占胶州湾，翌年 9 月青岛港作为自由港对外开放，1904 年胶济铁路通车，日商活动开始转向青岛，航运贸易不断扩大，所占贸易比重逐年上升，1909 年首次超过德国。1914 年日本对德宣战占领青岛之后，包括东

1934 年 10 月东和公司的《博山石炭矿业概要》

和公司在内的许多日商，陆续撤离烟台到青岛开辟新业务。资本不断累积的日商开始在工业领域逐步试探，东和公司也由此迈出了在山东扩张的第二步。

在青岛，日资企业则享有殖民当局所给予的各项优惠条件和政策支持。1917 年，东和公司看中青岛花生油出口贸易快速增长的趋势，先后投资 100 万日元，采用新式机器榨油，在台东镇工厂区成立了"东和油房"，同时从事小麦收购业务。当年贸易额花生 5809 袋，3945 担；花生油 28700 箱，16295 担。至 1921 年，年加工能力达到 1.5 万吨，榨油年产量达到 4 万箱，成为当时生产规模最大的日商榨油企业，并在 1922 年投资 40 万日元成立了东和油房第二工厂。1920 至 1922 年，东和公司年营业额逐年递增，成为青岛著名的日资大贸易商，还与三井、铃木等日商在青岛设立了花生筛选工场，控制全省花生大宗贸易，而华商数十家油坊不敌日商一家的产量。日商资本所构建的日资工业体系，抑制了华商民族工业的发展。

1916 年，东和公司业务延伸到济南。在济南经营之初，东和公司从事花生收买业务，往往是派员到集散市场，寄住于当地行栈或车马店内，从当地商人处收买。但很快发现因对内地市场不熟悉，费用明显要高于华商，而且货品鉴别、运输安全性及货款支付等方面都有许多困难，往往容易招致损失。因此

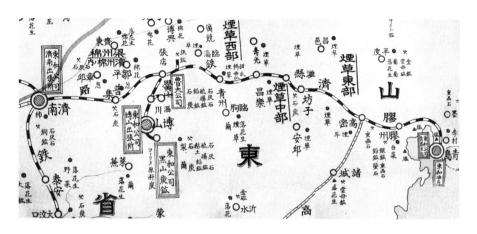

20 世纪 30 年代，东和公司在胶济铁路沿线业务分布图

改为通过华商行栈代理收购，采购规模才得以迅速扩大。由此，东和公司以青岛、济南为中心，不断在胶济铁路沿线拓展业务。

1916 年 9 月，东和公司通过贷款投资方式与华商公司订立包买合同，在博山开始了煤炭出口业务。

日军占领山东后，1938 年 1 月发布命令，宣布博山地方煤矿统归东和公司管理统制，如有违反严厉处罚。东和公司还成为济南煤炭销售指定的 4 家日商之一。日本的经济统制政策使市场经济的正常发展遭到严重破坏，商品集散流通被割断，经济发展和产业进程骤然中断，殖民性和掠夺性的特点使社会经济陷入了全面萧条和破败。

胶济铁路的延展计划

20 世纪 50 年代之前，山东仅仅只有胶济、津浦两条铁路。但从胶济铁路建设之初，继续延展的计划始终是中外各方关注争夺的焦点，甚至引发了影响中国近代史发展进程的重大历史事件。

德国人构想与中国铁路网对接

德国为修建和经营胶济铁路成立了山东铁路公司，山东铁路和胶济铁路这两个名称成为"较真"的人偶尔争论的问题。有的说二者是延续关系，德管时代叫山东铁路，日占时期叫山东铁道，直到中国接收后才叫胶济铁路。有的说二者其实一样，同时期德国人叫山东铁路，中国人称胶济铁路。但笔者分析认为，山东铁路是德方对计划在山东境内修筑的所有铁路的统称，胶济铁路只是最早的一条，但最后成为仅有的一条。从德国本意上来说，两者并不应该画等号。

在德国的构想中，胶济铁路就广阔的中国而言只是一条支路，必须通过建立与其他运输线的联系来扩大其影响。锡乐巴这样描述了纳入全国及国际铁路网的设想：胶济铁路在济南与天津至长江的铁路相连，在天津通过经山海关通往奉天的铁路，与满洲里和西伯利亚铁路相连，在保定府建起的铁路汇入天津后，直接把卢汉铁路和黄海连接起来。此外，还有两个更远的连接，由德州至正定府和由兖州经开封府至河南府。德国在山东的铁路会因这些线路构成未来中国铁路网的一部分，同时通过与西伯利亚铁路的连接，而实现与东亚和欧洲间的国际铁路运输连接。

烟潍铁路的发起与夭折

胶济铁路因方便的交通使青岛的政治、经济地位凸显，对烟台的经济发展产生了严重影响。铁路沿线的工矿权利和主要市场将被德国人尽占，一些有识之士，为了维护路权、矿权，巩固烟台商埠的经济地位，开始酝酿修建烟潍铁路的计划。

在胶济铁路尚在建设中的 1902 年，安丘学子张公制在济南参加乡试"策问"时，写下了《造山东铁路以收利权策》。文中指出修建胶济铁路"实则夺我运载之利""山东商业，必至尽为所笼"。为此提出："拟以潍县为总汇之所，以接胶济干路。由南建一道，以通清江；由东建一道，以通登州海岸。"随后，1904 年烟台"仪沣德"杂货行拟集股修建烟台至济南铁路，再至天津与京津

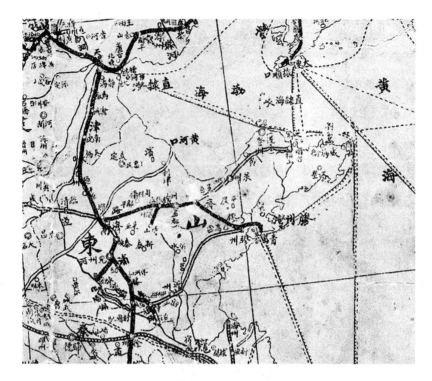

1914年《中国铁路全图》中，烟潍铁路就已经成为预定线路

路相接，未果。1906年烟台绅商刘麟瑞等再次倡议建造烟济铁路，因筹款有限改为烟台修至潍县与胶济路相接，也无果而终。1907年商人张德山出面招股发起修筑烟潍铁路，定名"福潍铁路有限公司"，因要与胶济路相接，德方要求合办，认为"烟潍路一经告成，则烟台商业必兴，青岛商业必受其影响。吾为保护青岛起见，则往来货物，至青与至烟者，运费势不能不分轩轾"，张德山不允许洋股参与，拟改筑青烟铁路，最终不成。其后又有谢翊臣倡办，"亦辄议辄止"。

1909年春，烟台商人赵德涵呈送报告至邮传部，称已备有股金400万元，呈请立案审批修建烟潍铁路。后经山东巡抚袁树勋派人详查发现，这400万元股金源自赵德涵的亲戚李德顺。李德顺当时系津浦铁路北段总办，这400万其实是他暗地从德国人那里"募集"的。不久，李德顺因营私舞弊案发遭撤职查办，德国人想暗中操控修筑烟潍铁路的图谋也随之破产。此后，德国公使雷克思曾直接出面，到清政府外务部提出建筑烟潍铁路要求，也被外务部严词拒绝。

1909年9月，烟台德国益斯洋行执事谭宗灏邀集绅商学各界，开会再筹商办，并首先自出股银200万元，作为开办经费，余由各界分认招募。12月成立招股公司，推举孙文山为招股总理，谭宗灏、李载之为招股协理，不久即招股540万元。但终因德国要求合办遭拒从中阻挠，以及山东谘议局出来插足揽权，至1911年6月，烟潍铁路"商力不胜，股难召集"，最终夭折。

西延工程济聊铁路流产

德日占领胶济铁路期间曾提出修建济顺铁路，将黄河沿岸的山东、河北、河南平原连在一起，进一步强化对中国的殖民掠夺。中国政府接收胶济铁路八年后，终于将胶济铁路西延计划提上了日程，鲁西南在京杭大运河衰落之后，经济将迎来新的发展良机。

1931年，胶济铁路管理委员会提出修筑两条胶济铁路延长线。一条是济南西段，由济南起，借道津浦铁道黄河大桥，经齐河、高唐到达临清为第一段。第一段完成后，再修筑由临清经威县平乡到达顺德的线路。另一条是博山支线，由博山至白谷围，再转向西南莱芜县境内。这两条铁路一条是农产品及

1936 年 5 月 22 日《世界日报》刊登的报道《修筑济聊铁路即着手准备》

棉花出产丰富的地区，一条是煤炭埋藏丰富的地区，预计铁路修成后，地方经济和路局效益都会得到进一步的发展。但这项计划后因政局不稳、经费困难被搁置下来。

1935 年，胶济铁路管理局与山东省府商定暂缓修筑博山支线，先修济南西段，同时将原计划修至临清，更改为取道齐河、茌平而达聊城，全段长 120 公里。待济聊线完工，再修筑由聊城至临清的支线，以便吸收临清的农产品和商品。第三步再修筑聊城至大名龙王庙的线路。第四步修筑自大名至彰德支线，以接平汉线。全线修通后，即更名为彰济铁路。

1936 年春，济聊段路基铺设基本完成，胶济铁路管理局也已拟妥后续工程的详细计划。随后，在铁道部、山东省府、胶济铁路管理委员会以及沿线商民的通力配合下，酝酿多年的济聊铁路终于进入实施阶段。6月，济聊铁路驻济南筹备处开始办公，并派员前往工程路段重新勘测路基，酌情予以加宽。7月，济聊铁路公司组织章程公布。

1937年7月，济聊铁路理事会成立，同月七七事变爆发。济聊铁路不得不在停工待款报告中称：济聊铁路计划近期铺轨，但由于目前中日战争大有一触即发之势，导致钢铁涨价……恐该工程流产……

日本围绕胶济铁路的筑路辐射计划

1938年，日军占领中国华北。为支持其长期侵略战争的需要，日本制定了更为庞大的修筑胶济铁路支线，向周边地区辐射的计划：

修筑济南至彰德的胶济铁路延长线，"向平汉线的彰德推进，日后再使它从彰德向山西内部进展，遇必要时，还可以另修支线和道口镇、临清相连接，借此开发黄河两岸流域的山东、河北、河南的平原"。通过铁路线的延伸和利用漳河水运网络以便深入山西内部，贯通山东、河北、河南、山西四省，打通华北东部和西部，从而纳入以青岛为中心的贸易圈。

修筑高密—莒县—兖州—济宁—兰封支线，与津浦、陇海铁路连接，深入至河北、河南平原地区。其意图在《日本人的山东开发计划》中表露无遗：在本省所存的重要资源中，首先把新泰的煤田作为目标。胶济沿线从地理和经济上均属适宜的高密起始，经莒县西进，连向新泰，以期向鲁南山岳地带施行开发。继续往西，进而与津浦线的兖州相接，可和济宁与兖州间的既成铁路直通，再从济宁通过黄河东岸流域山东、河北、河南的大平原，和大陆横断线陇

1940 年左右，胶济铁路坊子车站的场景

海路联结起来，以窥中原的丰富资源。

　　修筑高密至徐州支线，从高兰沿线的莒县，途经枣庄，进而与徐州相连。开发鲁南资源，掠夺枣庄中兴煤矿的煤，通过徐州吸收陇海铁路的物资。此外，还计划分别修筑潍县至烟台和天津的支线。

　　这些线路计划受战争形势发展的影响没有付诸实施，最后只新建了几条短距离运送煤铁的专用线。

葛光庭胶济抗日轶事

葛光庭，又名光廷、光亭，字静岑，别字觐宸，安徽蒙城人。1930 年底至 1938 年初，任胶济铁路管理委员会委员长。

葛光庭其人

1930 年 11 月 22 日，南京铁道部第一八四一号令："兹派葛光庭为胶济铁路管理委员会委员长此令。"一纸看似普通的铁路管理局局长任命，却在年终岁尾的半个月间，触动着从铁道部长孙科，到刚刚被任命为全国陆海空军副总司令的张学良，甚至还有取得中原大战胜利不久正如日中天的总司令蒋介石的神经，频频催促葛光庭赴任胶济的电文像雪片一样飞来：

"已令葛委员长光庭，即日将平汉北段移交，并遗赴胶济局""希转知葛

20世纪30年代，担任胶济铁路管理委员会委员长的葛光庭

静岑兄即日交卸，速赴胶济路新任为荷""调葛君光庭充胶济路委员长令已发表，请饬该员将平汉北段早日移交，并速赴胶济路任事""已令葛光庭将平汉路北段管理事务移交铁道部，请派员前来接受""关于平汉交替一事，遵已转令葛局长光庭知照，谨电陈复""该路事务乏人主持，请饬葛委员长早日将平汉北段移交，即遄赴胶济局"。

葛光庭何许人？他18岁考入安徽武备学堂，后留学日本加入兴中会，日本陆军士官学校炮科第六期毕业。回国后，曾任保定军校速成学堂炮兵科战术教官、热河陆军兵备处总办。辛亥革命爆发后，被推举为大通安徽军政分府司令，后充任陕西督军署参谋长，兼第四混成旅旅长。孙中山重其才，聘为大本营高级参谋。南京国民政府成立后，曾任东北边防公署参议顾问、陇海路营业管理局局长、平汉铁路管理局局长等职。

中原大战中，葛光庭斡旋于蒋介石、张学良、阎锡山之间，战后突然被派到胶济铁路就任，原因还要从一年前说起。

1929年，中日解决"济南惨案"的协议签字后，日军陆续撤离胶济铁路沿线。蒋介石为阻止冯玉祥抢夺山东，设法阻挠该部的孙良诚率军接收胶济铁路，甚至不惜让日本暂缓撤军，最终与冯玉祥撕破脸皮。同年10月，蒋冯战争打响；次年5月，阎锡山、李宗仁加入反蒋战争，一条胶济铁路的争夺，却

1931 年 8 月，葛光庭为《胶济铁路旅行指南》题写序文

成了一场遍布中原的大战前奏。其间，不仅胶济铁路损失严重，整个山东的政治格局也重新洗牌，弃冯投蒋的韩复榘升任山东省政府主席兼第三路军总指挥，集山东军政于一身。

韩复榘获悉葛光庭出任胶济铁路管理委员会委员长后，于 1931 年 1 月 8 日致电葛光庭："敝车前由汴开鲁时，借贵路车辆，嗣因军事结束，故电请派员认领，以维路政，在贵委员长未到济之时，铁道部派员来部，所有车辆均行

接收，以致贵路委员徒受风霜，殊多抱愧，尚祈见谅，弟韩复榘。"

　　韩复榘对葛光庭如此客气，除顾及他与蒋介石、张学良、阎锡山的特殊关系外，胶济铁路无论从经济地位还是从战略角度考量，对他治理山东太重要了。但蒋介石如同不放心各地军阀一样，时时提防着韩复榘，同意葛光庭主持胶济铁路时，密嘱要其关注胶东半岛局势，随时探报。

"小人物"身负大使命

　　1931 年 1 月，葛光庭到任胶济铁路委员长，同年出任第三路军总指挥韩复榘部高级参谋，山东省政府参议。山东新的政治格局已经形成，葛光庭上要面对蒋委员长，下要顾及胶济铁路；内要制衡济南韩复榘、青岛沈鸿烈、烟台刘珍年等昔日军阀，外要密切关注虎视眈眈的日本人；一面要应对复杂的政治局面，一面要加紧恢复铁路营运，承受着内外交困的双重压力。

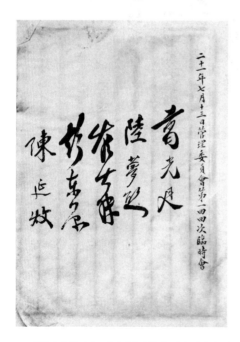

1932 年 7 月 13 日，葛光庭等全体委员参加胶济铁路管理委员会第 144 次临时会时的签名

　　1932 年 9 月中旬，韩复榘以刘珍年拒绝省军到其防区"剿匪"为名向刘发起了进攻。此时，葛光庭最担心日军从东北乘乱而入，染指

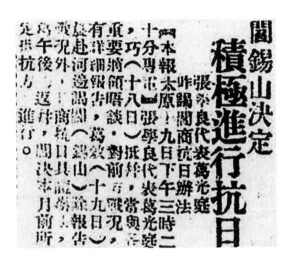

1933 年 2 月 19 日，关于葛光庭谒见阎锡山协商抗日办法的报道

山东。10 月 7 日密电蒋："日本驻济武官赴烟台旬日来回，日舰往来青烟无常，情形叵测。中央对鲁事亟应早日解决。"蒋回电："鲁事同深焦虑，各情仍盼随时探查详告。"10 月 11 日，葛光庭就日军武官为韩军宣传造势的异常举动再次密电蒋。蒋回电："复盼续电，处置山东问题，韩有日人之背景，日加浓厚，此层最值注意。"

1933 年 2 月，葛光庭作为军事委员会北平分会张学良代表赴山西太原，与昔日留日同窗阎锡山商谈长城抗战事项。葛光庭深知长城一线一旦被日军突破，整个中原将难有迟滞日军的天然屏障。18 日葛光庭抵达太原，随即与晋军重要将领晤谈，详细了解前方战况。19 日谒见阎锡山报告近况，商讨抗日的具体办法，午后返程。阎锡山随即对外公开宣布，本月前将按照商定的方略，积极进行抗日。

葛光庭返回山东不久，迎来了 1918 年广东军政府军委会时期自己的长

1937 年 3 月，蒋介石电邀全国重要军事将领在杭州开会，葛光庭陪同韩复榘前往，其间在西湖边留影。从右至左依次为韩复榘、蒋伯诚、徐永昌、葛光庭等

官——李烈钧。李烈钧作为南京国民政府代表，北上视察战事，3 月 24 日来到济南面访韩复榘、葛光庭，鼓动抗日。葛光庭当即决定胶济铁路支持抗战，捐款 5000 元，购买风镜 6000 副、汗衫 1600 件、河鞋 2000 双，余款购买钢盔等。

抗战烽火 2 月份还在长城升腾，6 月份山东就闻到了硝烟的味道。胶东半岛与辽东半岛毗邻，盘踞在东北三省的日军，随时都可能从海路占领烟台、青岛，迅速通过胶济铁路进犯济南，从背后直扑平津，威胁南京。1914 年的日德之战，1928 年的济南惨案，日军都是如法炮制。蒋介石坐不住了，频频给葛光庭发电，询问日军在海上的动向，关注韩复榘与日本若即若离的态度。葛光庭决定去济南与韩复榘面谈，探探风声。

8 日，葛光庭还没有返回青岛，就把此次济南会晤韩复榘的情况密电蒋介石："前赴济与韩主席晤谈数次，榘表示极为诚恳，再三声明，当前国难时期，允宜全国一致对外，本人奉令守土，唯知服从中央之命，决不为人利用。现在国人意见仍属分歧，难保不有人任意造谣，故于本日派任居建、戴师韩南下，晋谒钧座面陈鲁省近况……光庭本日回青。"

南迁西行保留工业命脉

1937年，七七事变爆发。为保住工业命脉，南京国民政府铁道部饬令胶济铁路当局把铁路机车、车辆南迁或西移，同时要求铁路员工"与军队同撤退，勿先军队撤退"。葛光庭很清楚此时事态的严峻程度，一方面在胶济铁路沿线部署防敌措施，一方面组织四方机厂转移南迁。

8月22日，胶济铁路管理局全部由青岛迁至济南办公。为防止敌人破坏，保证铁路运输，在胶济铁路沿线不仅安排道班工人昼夜巡视轨道，全路大桥也均派技术人员驻扎担任防务。所有桥头存储钢轨、木料、片石等防险材料，大桥附近添筑便线、便桥，组织工程列车两列。车站、仓库、水塔、机车房等处一律涂饰保护色彩，在青岛、胶县、高密、坊子、潍县、益都、张店、周村、龙山、济南等十站，各建临时机车房一所，又在其他五站各建隐蔽机车岔道，在机车转盘附近铺设 Y 形岔道，在大给水站及工程列车分别存放柴油抽水机，在各小站多备水桶，以备水源万一被破坏，仍然可以利用井水给机车供水。在潍县等六站各建军用环道一股，在胶县建军用岔道一处，在二十里铺站添设重炮钢轨枕木。

四方机厂按照管理局要求启动南迁工作，工人不分昼夜装车。凡是愿意南迁的机厂工人，都可以随车走，工厂负责到底。8月，拆卸装车的机器设备一部分运到张店机务段，一部分运至济南津浦铁路大槐树机厂，其余均调拨到陇海、平汉等各路应用。9月中旬，设备三分之二由副厂长顾楫带到株洲，另三分之一由工程司张名艺等带到西安、洛阳、江岸等地。胶济铁路的设备就这样在南迁西行中四分五裂，支离破碎。一同迁移的职员和家属，也在百般无奈和万般不舍中背井离乡，踏上漫漫征途。

11月中旬，葛光庭接到胶济铁路撤退的命令。16日起，除维持全路军运极少数旅客列车外，胶济铁路管理局奉令"将机车车辆尽数过轨南运"。每一辆机车各配行车人员两班，每班司机一人，司炉两人随同过轨。胶济路全线机车107台、客车213辆、货车1858辆，除残破的基本撤完，大部调往陇海、粤汉两线。12月中旬，留用的少数军用运输机车车辆，也于轨道被破坏以前南驶。12月24日，日军逼近周村，25日所有路轨、桥梁于机车车辆过轨后开始破坏，全路交通完全停止。

1938年初，胶济铁路全线沦陷后，葛光庭先避居香港，后返居上海，拒任伪职。抗战胜利后，参与政府日侨俘遣返工作。1949年，两次婉拒赴台，并留在大陆。1962年6月15日病逝于上海长乐路寓所，离82岁生日仅差三天。

胶济铁路的红色基因

胶济铁路的历史，不仅是一部中国人民反抗外来侵略、争取国家主权的抗争史和奋斗史，还是一部曲折发展、星火燎原的红色铁路史。

红色基因萌发

马克思在《共产党宣言》开篇即言："一个幽灵，共产主义的幽灵，在欧洲游荡。"1899年，堪称"西学新知之总荟"的《万国公报》，连载了李提摩太、蔡尔康合译的英国基德所著《社会进化论》前三章，其中指出"以百工领袖著名者"为"马客偲"，这是马克思名字首次出现在中国公开出版的期刊上。接着，又谈到"马客偲之言曰：纠股办事之人，其权笼罩五洲，突过于君相之范围一国。吾侪若不早为之所，任其蔓延日广，诚恐遍地球之财币，必将尽入

1899 年出版的《万国公报》

其手。然万一到此时势，当即系富家权尽之时……”这是对《共产党宣言》中的“资产者与无产者”一节的意译。李提摩太的本意是想通过这一简略介绍，告诉清政府闭关锁国是不行的，规劝当政者接受改良，但他却在无意中曲折地将马克思的著作介绍到了中国。

　　同样是在 1899 年，德国在中国山东的胶州湾畔铺下了第一根钢轨，胶济铁路从此带着深刻的殖民烙印向西延展。历史就是这样巧合，马克思主义学说和胶济铁路同一年从德国来到中国。参与胶济铁路修筑的中国劳工绝不会意识到，当他们放下手中的锄头，离开自己的土地，走到两条钢轨之间的时候，他

胶济铁路的中国劳工

们的身份正悄然发生质的变化。铁路工人相对农民和手工业者，工作方式主要
不是经验而是标准化，过去明显的行业分工很快被行业内部分工所取代，组织
形式不再是各自的一亩三分地，而是严密的组织性和牵一发而动全身的影响
力。虽然他们还不认识那位大胡子外国人，更不知晓以工人群体为研究对象的
学说有什么与众不同，又与他们有什么关系，但马克思的学说已经悄然在铁路
产业工人中开始萌发、酝酿。

　　马克思没有见过胶济铁路工人们的生活状态，但他却似乎知道他们未来的
命运。《共产党宣言》说"工人变成了机器的单纯的附属品……机器使劳动的
差别越来越小，使工资几乎到处都降到同样低的水平"。日益加剧的竞争和商

业危机"使工人的工资越来越不稳定";机器迅速地改良"使工人的整个生活地位越来越没有保障";工人开始"联合起来保卫自己的工资……甚至建立了经常性的团体"。

1923 年,在胶济铁路所属四方机厂,铁工组织的"老君会"、木工组织的"鲁班会"、油工组织的"葛仙翁会"合并,成立了以太上老君生日为名称的行业组织——"圣诞会"。大家受到工头欺负、遇到家务纠纷等困难,都找"圣诞会"调解处理,其影响逐渐扩大,引起了刚成立不久的年轻政党的特别关注。

点燃星星之火

1919 年的巴黎和会上,西方列强欲把德国在山东包括胶济铁路在内的一切特权转让给日本,引发了轰轰烈烈的五四爱国运动。李大钊在《新青年》发表了《我的马克思主义观》,极大推动了马克思主义在中国的传播。在此期间,长期受到压迫的胶济铁路工人,爱国意识逐渐萌醒,虽然文化程度不高,但由于工作关系,眼界较为开阔,尤其是受乘坐火车南来北往的爱国学生的影响,逐渐加入反帝反封建运动的洪流之中。

1921 年 7 月,中国共产党第一次全国代表大会召开。中国共产党的第一个决议指出,鉴于党的力量还弱小,决定以主要精力建立工会组织,指导工人运动和做好宣传工作。中共一大后,王尽美、邓恩铭等共产党人在山东开展工作,产业工人密集、辐射面广、影响力大的胶济铁路成为党组织开展工作的首选地点。

1923 年 4 月,一个名叫满玉纲的中年人秘密来到四方机厂。他的真名叫王荷波，中国共产党党员，原来是津浦铁路工人。王荷波对四方机厂的工友说：圣诞会有铁匠、木匠、油匠等，行不同可心同，好比三兄四弟应抱成一团，拧成一股绳，这就叫团结。你们制订会章、戴徽章、唱戏都可以，这能壮大工人的声势。可是一千条一万条，别忘了为工人兄弟办事情是头条，工人们听了心悦诚服。此后，在王荷波的指导下，圣诞会办起了工人俱乐部，制订了《四方机厂工人俱乐部简章》，建起了工人图书室，组织工人自己演戏，还准备筹办工人夜校。

王荷波离开青岛之后，邓恩铭来到青岛继续开展工作。他在1923年9月的一封信中写道："青岛系工商之地，而吾人活动只有从工人方面入手……四方车（机）厂工人因反对厂长极欲一动，惜余等均不得其门而入，诚属憾事！

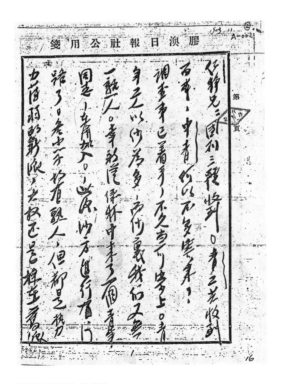

邓恩铭写给刘仁静的信

弟以为作劳动运动非置身其中不可……"不久，邓恩铭经熟人介绍深入到四方机厂车间调查研究，目睹了工人们备受剥削、困苦凄惨的生活现状。他在《青岛劳动概况》一文中写道："他们每天至多不过赚三毛五分钱，仅仅够吃……他们的住处是极其黑暗污秽的窝棚……常常生病。但是他们生病是没有人管的，他们病中费用当然没有，必须向工友中分借……这种悲惨的生活的工人最多，恐怕要占百分之九十以上……"

1923年冬，邓恩铭担任了圣诞会秘书。当时四方机厂还有一个民间行会组织——艺徒养成所同学会，老工人参加圣诞会，新工人参加同学会，一厂两会，各行其是。邓恩铭修订了圣诞会章程，取消青年工人入会限制，两会合并，会员增到500余人，在海港码头和胶济铁路沿线车站成立圣诞分会，工人郭恒祥、傅书堂、纪子瑞也相继加入中国共产党，成功将具有传统行会性质的圣诞会，改造成为中国共产党领导的群众组织。

星火燎原之路

1923年8月23日，圣诞会发动全厂1200多人举行罢工，抗议厂方串通工贼栽赃陷害并开除了8名工人，迫使路局同意8人复工。1924年1月28日，圣诞会发动工人再次罢工，抗议路局和厂方借故迟发、不发年终双饷和红利。胶济铁路各站段也相继而起，使路局和厂方宣布双饷和红利照发。

按照《共产党宣言》的说法，"工人有时也得到胜利，但这种胜利只是暂时的。他们斗争的真正成果并不是直接取得的成功，而是工人的越来越扩大的联合。这种联合由于大工业所造成的日益发达的交通工具而得到发展，这种交通工具把各地的工人彼此联系起来。只要有了这种联系，就能把许多性质相同的地方性的斗争汇合成全国性的斗争，汇合成阶级斗争"。

1925 年 2 月，在中国共产党领导下，胶济铁路工人奋起反抗军阀的剥削和压迫，率先在四方机厂举行大罢工。3 月，胶济铁路总工会正式成立，下设青岛、高密、坊子、张店、济南、四方机厂等 6 个分会，成为青岛历史上第一个行业总工会，拉开青岛工人运动的序

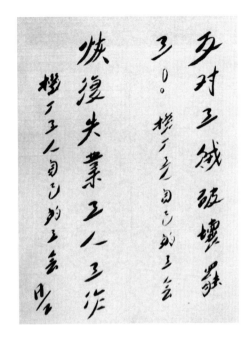

四方机厂罢工传单

幕。青岛大康、隆兴、钟渊、宝来等日本厂以及水道局、电话局、啤酒厂、铃木丝厂等相继成立了工会。4 月至 5 月，胶济铁路总工会积极声援"青岛惨案"和上海"五卅惨案"抗议活动。7 月，以胶济铁路总工会等行业工会为基础，成立了"青岛工界援助各地惨案联合会"，成为青岛第一个全市性工人联合组织，开山东工人阶级斗争的纪元。

在京汉铁路二七大罢工后的革命低潮期，胶济铁路成为中国工人运动新的策源地。中共早期工运领袖邓中夏在 1930 年写的《中国职工运动简史》中对此有以下论述："'二七'失败，已隔一年，此时有一新生势力，为'二七'时所没有，就是异军突起的胶济铁路工会。该会在中国工人阶级大受打击之后，居然能起来组织工会，会员发展到 1500 余人，不能不算是难能可贵。"

1925年胶济铁路总工会四方分会罢工胜利合影

星星之火，可以燎原。中共党组织逐渐遍布胶济铁路全线，在曲折中发展，在发展中壮大。日本入侵山东后，中国军民联手抗战，中国共产党领导的张博铁道大队、鲁南铁道游击队、胶济大队等抗日组织给敌人以沉重打击。解放战争期间，中国人民解放军先后通过济南战役、胶济铁路西段战役、胶济铁路中段战役、青岛即墨战役解放了胶济铁路全线，胶济铁路由此迈向了崭新的时代。

在军阀混战的年代，胶济铁路党组织领导工人阶级开展不屈不挠的抗争；在抗日战争和解放战争中，胶济铁路党组织成为铁路沿线革命斗争的中流砥柱；在社会主义建设和改革开放时期，百年铁路线上又为中国铁路快速发展奏出新的乐章。

胶济铁路，红色之路。

李希霍芬号到八一号

1903 年，胶济铁路从胶州湾一路向西，一边分段修筑，一边分段通车，其中一台大机车以李希霍芬的名字命名。李希霍芬是德国地理、地质学家，在其考察中国的著作中，提出对胶济铁路最初的构想，并使德国统治者获得了对中国更全面的认识。此时，德国已经武力侵占胶州湾六年，清政府在胶州湾增设海防也仅仅过去了十二年。

天之涯，地之角

1891 年，清政府明发上谕，在胶澳添筑炮台、增设海防，是为青岛建置之始。而早在 1886 年，出使德国大臣许景澄首次在《条陈海军应办事宜折》中正式提出在胶州湾增设海防的建议："山东之胶州湾宜及时相度为海军屯埠

许景澄

也……西国兵船测量中国海岸，无处不达，每艳称胶州一湾为屯船第一善埠……应请由南北洋大臣全国察看，渐次经营，期于十年而成巨镇。"

从后来胶州湾发生的历史事件回溯，许景澄这份胶州湾增设海防的建议不无先见之明。但细思分析，许景澄这位远在天之涯的出使德国的大臣，为何对当时仅仅位于大清国地之角的胶州湾，有如此有远见的认识呢？

在德国看胶州湾，与许景澄有交集的恰恰是前文提到的李希霍芬。1882 年，李希霍芬所著《中国——亲身旅行和据此所作研究的成果》第二卷出版。该卷详细介绍了他对山东考察时的研究成果，他直言不讳地指出：胶州湾的开放和与内地连接交通线的开辟，是山东丰富煤矿资源的前途所在。在胶州湾开辟自由港，将成为华北最大和最好的港口，是西方进入整个中国市场的一扇门户。这本书出版仅仅四年，在欧洲产生的广泛影响，引起了出使德国大臣许景澄的重视。

许景澄上书后，当时北洋大臣李鸿章正忙于筹建旅顺港，无暇南顾。直到五年后的 1891 年，李鸿章视察了包括胶州湾在内的北方沿海之后，才奏请在胶州湾增设海防，成为前文提到青岛建置的缘起。

时间又过了五年。李鸿章于 1896 年考察欧美，一路走遍了德、奥匈、法、英、美等十余个国家，引发了一轮各国竞相向中国推销西方工业产品和技术的热潮。与此同时，李希霍芬也通过西方报纸等方式，关注着李鸿章访欧的一举

李希霍芬在旅行日记中的素描

一动。

　　仅仅过了一年。1897年德国借口"巨野教案"武力占领胶州湾，李希霍芬感到他在著述中的想法终于可以变为现实，于1898年将以前有关山东旅行笔记整理成《山东及其门户胶州》一书出版，为德国长期占领胶澳提供资料。在书中，李希霍芬仍念念不忘两年前出访欧洲的李鸿章："那位德国公使馆的副翻译官认为我姓'Li'，于是就把我的姓意译成中文中栗子树的'栗'。使我惊奇的是，我发现在这里护照并不受到重视。当我一年后再次来到北京的时候，首席翻译、我的英年早逝的朋友璧斯玛立刻给我解释说，这是一个很卑微的姓氏。然后，他给我搞了一本新护照，上面的名字仍然是'Li'，然而给出的中文却成了李子树的'李'，这样我就被列入了一个名声显赫的家族，和李鸿章是一家了，持有这本新护照的人当然也处处受到尊敬。"

同行是冤家

1891 年，在胶澳增设海防的同一年，一个未来对胶州湾产生极大影响的德国人来到了中国。他叫锡乐巴，德国铁路设计师，1892 年起在中国参与勘测修建大冶铁路、京汉铁路、淞沪铁路。1898 年主持胶济铁路修建，并成为胶济铁路建成后的首任负责人，甚至在担任总办期间，他处心积虑地参与了津浦铁路北段的勘测工作。

1908 年，朱利叶斯·多普米勒被任命为津浦铁路北段德方总工程师，锡乐巴最终落选。究其原因，如果说技术方面自信的创见让锡乐巴在中国铁路建设领域站稳了脚跟，那固执己见却让他在山东官民甚至德国同行那里饱受诟病。尽管胶济铁路工程监察员多普米勒在当时尚未取得很突出的成绩，但他性格平和谨慎，这一点被德国柏林总部管理层认为是与中国人打交道时"第一重要的"。朱利叶斯·多普米勒 1869 年生于德国，1907 年辞去德国普鲁士国家铁路管理局技术处干部职务，带着两个弟弟海因里希·多普米勒、恩斯特·多普米勒来到中国参与铁路修建。

1908 年津浦铁路正式开工前，包括锡乐巴在内的德国铁路工程技术人员，已经进行了勘测，共有勘测图 430 张。新官上任的多普米勒查点后指出，由天津至利国站全段干线铁路和所属分段支路、天津附近岔路，勘测图都很完善。峄县至枣庄一段也很详尽。此外，还有若干备考勘测图纸。于是决定津浦铁路北段勘定路线可以在这一批勘测图内选择。随后，多普米勒组织铁路技术人员开始了更具体的勘测工作。1908 年春，多普米勒先行勘测了天津、静海、沧州等处，4 月赴各州县多次勘测线界并拟定分段办法。他将津浦铁路北段分为九段，段之间冉分为若干小段，"分途测量，树立标橛，撒布灰线"，绘制详图为购地提供根据。

在津浦铁路起点天津站的选址上，邮传部给出带有红黄蓝绿四色线路的图纸，饬令多普米勒"按照原图所绘各种色线详加履勘"。多普米勒查勘后认为，绿线"取道最捷，工程较省。乾河沿堤迤南路线较直。惟须在城站相近河岸多设轨道，以便调车"。请示督办后，工程参议詹天佑会同履勘。认为除红蓝两线不适用外，黄线迂远亦不合

多普米勒三兄弟，从左往右依次为恩斯特、朱利叶斯、海因里希

适。"惟绿线起点由京奉新站过新开河，顺土城至隈头过北运河，地力适绾合众流建筑。"

在津浦铁路建设期间，为满足津浦铁路修理机车车辆、制造配件的需要，选定在济南城外西郊大槐树庄圈地建厂。多普米勒派他的弟弟恩斯特·多普米勒筹建津浦铁路大槐树机厂。恩斯特·多普米勒在胶济铁路供职期间，曾在铁路建筑部门工作，到津浦铁路后，在大哥的帮助下得到了更大的施展空间。大槐树机厂1910年正式开工兴建，1913年4月建成投产，恩斯特·多普米勒成为首任厂长。

南渡北归

1921 年，一位从美国普渡大学机械工程系毕业的中国铁路工程师——程孝刚走进了津浦铁路济南大槐树机厂。当时，德国技术人员已全部撤走，设备破旧，生产近乎瘫痪。程孝刚从培训工人、整修设备入手，开始恢复机车大修，后担任组装车间主任，推行修车统一计划作业和配件维修，使机车厂修台数逐月上升，解决了失修状况。

1923 年 1 月 1 日，中国政府从日本手中赎回胶济铁路，为保证顺利过渡和正常运营管理，从津浦、京奉、京汉等各路抽调路务和技术人员，作为技术骨干的程孝刚就是其中一员，担任胶济铁路机车车辆科长兼青岛机务段长。程孝刚到青岛后，奋战一个多月，选拔了一百多名中国老司炉，亲自上课培训，精心组织，保证了接管胶济铁路后中国人自己驾驶火车安全、正点运行，长了国人志气。

程孝刚 1926 年调离胶济铁路，至 1935 年，曾先后两次担任津浦铁路管理局机务处长，积极参与南京火车轮渡工程和渡轮设计。1936 年，被任命为铁道部株洲机厂筹备处长，主持机厂新建工程。程孝刚带领一批中国工程技术人员，在没有一个外国人参与下，选定厂址、布局厂房、组织施工、订购安装设备。

1937 年，七七事变爆发。为保住工业命脉，包括胶济、津浦在内的各铁路局，奉命陆续把机车向内地迁移。胶济铁路四方机厂的机器设备，分别由副厂长顾榾、工程师朱黻、张名艺辗转带到株洲、西安、洛阳、江岸等地。10 月上旬，顾榾、朱黻分别带着 160 余名员工护送机器设备到了株洲机厂，与正在筹建机厂的程孝刚会合，投入紧张的建厂工作中。

1938 年 8 月，新建的株洲机厂遭到日军连续轰炸，程孝刚、顾榾组织抢修，

胶济铁路四方机厂管理人员合影。前排左三为顾榅,前排左一为张名艺,后排左二为朱黻

随后按照交通部命令,又将设备和车辆迁到广西兴安,筹建起湘桂黔三路总机厂。1944 年 3 月,为了避免落于日寇之手,国民政府下令,在广西金城江将顾榅等人拼着性命带来的设备车辆全部焚烧,顾榅等人痛心疾首,欲哭无泪。

抗战胜利后,程孝刚任国立上海交通大学校长,新中国成立后当选为中国科学院技术部学部委员(院士);顾榅组织人员重建柳州机车厂,新中国成立后担任铁道部科技局高级工程师;朱黻担任津浦区铁路管理局济南机厂厂长至新中国成立前,也就是那座曾经的津浦铁路济南大槐树机厂。

胶济铁路走过半个世纪,又回到了零公里起点。1952 年 8 月 1 日,青岛四方铁路工厂举行试制成功新中国第一台蒸汽机车落成典礼,命名为"八一号",结束了中国人不能设计制造机车的历史。

姓名莊景山生于某年月日光緒二年十月十三日某庄

交姑某縣即墨某省濟南省奉何教孔子教

父觀莊蘭昇 祖父莊會亨朋友孔健齋保人

王清賢有妻否 有妻有見女否有先子否

否讀書念書 會洋話否懂洋話何時到公司

究靡本身中國二十九年二月到公司在某站李習

趙村站李習 何時考諭光緒二十九年十一月

現充什么本支站長在某处青州府在某站

在高密站至青州站後何站橋家庄站曾加身

全否

光緒廿七年四月十八日

趙村新

```
. 10.
...hantung-Eisenbahn-Gesellschaft
Bauabteilung I, TSINGTAU.
Zugrapport.
Datum
gewissenhaft.
Ich bin am 1 März 1903
```

一个多世纪的邂逅

在胶济铁路博物馆序厅，最引人注目的莫过于中间斜台上一组铁路轨枕的装置，那就是当年胶济铁路全线铺设所使用的钢轨和钢枕，前方黄铜雕刻的 1904 年 6 月 1 日，正是胶济铁路全线通车的日子。很多观众在此惊叹，胶济铁路竟然使用过钢的枕木，你们是从哪里找到的？博物馆的工作人员会心一笑，告诉观众"远在天边，近在眼前"，然后娓娓道来，讲述一个真实发生的故事……

破土而出的铁家伙

回答观众们对这些钢枕来源的疑问，还要把时间拉回到胶济铁路博物馆初建的 2013 年 6 月。那天格外炎热，在原胶济铁路济南站东临，现山东中铁文旅发展集团公司院内，几名工人正汗流浃背地忙着翻修花坛。正在翻土的时

胶济铁路开通时的场景，左下方为钢枕和钢轨

胶济铁路博物馆序厅展出的钢枕和钢轨

候，一名工人手里的铁锹忽然感到碰到了一件硬邦邦的东西，起初他们以为是石头，想挖出来扔掉。但随着挖掘的深入，那件东西越挖越长，等到全部出土的时候，工人们发现它不是石头，而是一根两米多长的黑乎乎的生铁片子。这是什么东西？工人们议论纷纷。他们继续挖土，在这根生铁片子的旁边又挖出了十多根同样的生铁片子。

大家都不知道挖到的究竟什么，扔又不敢扔，只能向领导汇报。时值济南局组织筹建胶济铁路博物馆，策划组正在多方寻找征集和胶济铁路有关的老物件。当听到"在眼皮跟前，花坛的地底下翻出了不少东西"后，立刻赶来查看。策划组的专家虽然也是铁路职工，但都是对胶济铁路历史深入研究的发烧友，他们敏感地意识到施工地点早先是原德国山东铁路公司胶济铁路办公用房，后来日本侵略时期改造过胶济铁路济南站，发现"生铁片子"的这个地方原来应该是铁道线路，这些满带泥土、锈迹斑斑的物件一定与胶济铁路有着密不可分的关系。经查找资料核实，令人兴奋的消息很快传来，发现的这些物品就是100多年前胶济铁路上使用的德制钢枕，长 2.4 米、高 80 毫米，底宽 184 毫米，重 50 千克，当年从德国运来，是罕见的历史文物。

10 多根完整的德国燕尾形钢枕就这样破土而出。这些当年经历过远洋颠簸、海风冲刷的德国钢枕，100 多年后就这样一根根破土而出。没过多久，在胶济铁路坊子火车站又出乎意料搜寻到 1900 年德国波鸿公司生产的钢轨。2013 年，当年的钢枕和钢轨在胶济铁路博物馆又一次组合，仿佛一个多世纪前就约定了这次邂逅。

胶济铁路博物馆不仅在序厅展出了早期钢枕和钢轨的实物，在修筑胶济展厅，还有两幅 20 世纪初胶济铁路通车时拍摄的老照片。一张照片，当时的清朝官员和洋人整齐地站在钢枕上；而另一张照片，中国民众翘首观望隆隆驶来

2013 年发现钢枕的原胶济铁路办公用房老照片

的庞然大物，却很少有人在意他们脚下并不起眼的铁路轨枕。100 多年过去了，当我们再次看到这幅照片，好奇的观众会把关注的焦点放在这些中间细长、两头呈燕尾状的钢枕上。如今，历经岁月洗礼的它们静静地俯卧在博物馆内，等待我们前去靠近，倾听那来自岁月深处的声音还有心跳。

海浪冲刷的铁路建材

1899 年，胶济铁路从胶州湾畔铺下了第一根轨枕。德方成立的山东铁路公司为什么会执意选择钢枕这种铁路建材呢？

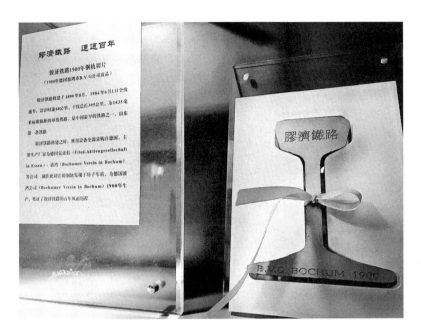

1900 年德国波鸿公司生产的铁路钢轨切片

胶济铁路修建之初之所以采用钢枕，主要原因是德国技术人员坚持认为木枕在山东的气候条件下不能持久，而钢枕不怕火、不会虫蛀，承受载荷较大，使用年限长，破损了可以通过电焊修补，回收利用率高，在德国铁路广泛使用，技术成熟，量产能力强。线路采用单线 1.435 米标准规距，钢轨标准长度为 10 米，曲线轨道采用 9.95 米的弯曲短钢轨，钢轨底宽 100 毫米，顶宽 57 毫米，轨腰厚 11 毫米，高 125 毫米，横断面 38.463 平方厘米，每米钢轨重 30 千克。采用的钢枕长 2.4 米、高 80 毫米，底宽 184 毫米，重 50 千克，两端弯曲。采用角形鱼尾板，长 675 毫米，总横断面 39.912 平方厘米，总重量 19.535 千克，最高负荷为每平方毫米 7.62 千克。钢轨扣件包括鱼尾板螺栓、钩形螺栓、夹紧板和弹簧垫圈，每米轨道的总重量达 129.3 千克。

包括铁路钢枕在内的物资的船运，委托给德国两家最大的航运公司负责，分别是北德意志劳埃德公司和亨宝轮船公司。物资到达青岛栈桥或塔埠头后，铁路公司须委托青岛的胶州驳船公司承担卸货任务，物资经轻便铁路分别运往施工现场，清政府同意对胶济铁路进口的建设及运营材料免税。此外，一些诸如混凝土、电线杆、木材等低廉材料使用帆船发运。在充满风险的远航中，这些帆船为常常发生事故：1899 年 7 月，运载了 10245 桶水泥的"亨尼·埃列门"号失踪；1900 年 5 月，载有 6000 桶水泥的"苏柯特拉"号在航线上着火；7 月，装有 3200 根电线杆的"苏特兰舍尔"号在苏门答腊以南海域粉身碎骨；11 月，载有 5000 桶水泥的"奥西登"号，驶抵斐济群岛时货物着火。由沉船及运输事故造成的损失，山东铁路公司通过保险得到了赔偿。

铁路轨枕的诉说

胶济铁路是中国较早大规模使用钢枕的铁路。德国山东铁路公司为了控制投资成本并尽快产生效益，仿照德属殖民地轻便铁路标准建造。随着时间的推移，钢枕的缺点逐渐显现出来：比其他轨枕造价高；在有绝缘需要的线路上不能使用；容易被侵蚀；列车通过时产生的噪声较大；到冬季容易出现裂痕甚至会折断。胶济铁路就多次出现过折断，以至于影响行车安全。1926 年，在原有轨枕之间每公里增加了 9 根钢枕，折断情形才得到极大改善。胶济铁路最初的钢轨重量每米仅为 30 千克，承重力较小，每年损坏、折断的钢轨可达 100 余根，多的时候 200 多根。不仅损失巨大，修养工作也异常困难。胶济铁路全线桥梁荷重量定为轴重 13 吨，跨度 15 米以上的桥梁几乎全是开顶华伦轻巧式，仅能承载德式轻快机车。

日本占领胶济铁路后，为了加快资源掠夺，8 年间仅更换了几十公里钢轨和木枕，抢修了 7 座德国败退期间破坏的桥梁和 3 座遭受水害的桥梁，其余维持原状。但却采用美式笨重机车，使机车活动荷重增至古柏氏 E-35 级左右，其主动轮的冲撞力远远超出德式轻快机车。胶济铁路经过 20 多年，年久失修、损坏严重的线路严重影响了铁路运输能力、运行速度，甚至行车安全。

为彻底改变钢轨磨损严重的问题，自 1926 年至 1936 年的 10 年间，青岛至张店区间的线路除日占时已换钢轨外，其他全部更换为部定标准 43 千克 C 型钢轨，并换成木枕。1927 年起先后在大港—四方、青岛—大港铺设重轨，增筑路基。为防水患，抬高了城阳—蓝村部分地势过低处的路基。随着青岛—埠头—四方区间货运量的加大，1927—1928 年，修建了一条从埠头到四方的货运线，

胶济铁路博物馆展出的钢枕和钢轨

1929 年又续建了从青岛—埠头的货运线。自此，青岛—四方来往的客货车实现了分途行驶。随后，又将青岛站至张店站间（不含城阳站至李哥庄站间）换为 43 千克 / 米钢轨。1938 年至 1945 年，张店站至济南站间更换为 40—43 千克 / 米钢轨。

新中国成立后，胶济铁路结合复线建设先后进行了多次大修改造，线路质量明显提高。1959 年至 1965 年第一次大修时，胶济铁路全换为 43 千克 / 米国产新钢轨。1977 年至 1981 年第二次大修时，又换为 50 千克 / 米新钢轨和钢筋混凝土枕。1986 年技术改造铺设 50 千克 / 米标准轨。1988 年至 1990 年，站特线换铺 60 千克 / 米钢轨 22.936 公里，50 千克 / 米钢轨 127.803 公里，43 千克 / 米钢轨 363.897 公里。1991 年起，正线 60 千克 / 米、50 千克 / 米重轨分别增加到 401.497 公里和 110.538 公里。1996 年，进行轨道结构重型化和客运快速化改造，正线继续换铺 60 千克 / 米重轨和 Ⅱ 型钢筋混凝土轨枕。1999、2000 年两次提速改造中，正线钢轨除青岛—大港间因技术条件限制外，全线均换铺为 60 千克 / 米无缝轨。除部分区域和地点外，列车正线直线过岔速度提高到 140 公里 / 小时，线路允许速度达到 120 公里 / 小时。

深藏不露的桥墩石

2019 年 5 月，朋友把一张从网上看到的老济南明信片发给了笔者。明信片上的照片是一座很短的普通铁路桥，行人或步行，或推着独轮车穿梭其下，很是热闹。像素不高的明信片下方依稀可辨认出"济南风俗其三山东铁道第一铁桥下"的中英文字样。号称"山东铁道"第一铁桥的名头引发了笔者的极大兴趣，对此桥的探秘也就从这张明信片开始了。

探秘"山东铁道"的时间

这张"第一桥"明信片所印文字中，"山东铁道"这一名称提供了时间密码。

1914 年"一战"爆发，日军趁机对德宣战占领胶济铁路全线。1915 年 3 月，成立"山东铁道管理部"，9 月改称"山东铁道部"，一直使用到 1922 年底把

"山东铁道第一桥"的明信片

胶济路权移交给中国为止。

　　此前，胶济铁路德国管理时期被称为"山东铁路公司"。此后，中国政府收回胶济铁路后，称为"胶济铁路管理局""胶济铁路管理委员会"。再到全面抗战期间，日本统治山东铁路的名称分别为"济南铁道事务所"和"济南铁路局"。抗战胜利至新中国成立前，名称分别为"济南区铁路局"和"津浦区铁路管理局"。由此推断，这张明信片印制的时间应该是日本第一次占领胶济铁路期间，即 1914 年 11 月至 1922 年 12 月。

探秘"第一桥"的地位

从明信片简短的文字可以看出，这座铁路桥在胶济铁路线上，既然号称"第一铁桥"，一定有它的特别之处。

据1904年山东铁路公司编写的《山东铁路建设史》记载，胶济铁路修建时，桥梁主梁由美茵茨的古斯塔夫堡工厂、多特蒙德的联盟工厂、欧伯尔豪森的好望钢厂和柏林的柯尼希与劳拉联合钢厂供货，安装工作则委托给了古斯塔夫堡的桥梁制造厂；这家工厂引进钢桩基础，也自家承接制造这种基础桥的桥墩和桥台。胶济铁路干线上共修建了856座铁桥，支线上99座铁桥。桥梁式样多为半穿式华伦氏轻便桥。全线最大桥梁是淄河大桥，全长470米，此外较大的铁路桥梁分别跨过大沽河、胶河、云河、白浪河。明信片上的这座胶济铁桥显然不是其中任何一座大型桥梁，不仅长度有限，而且根本不是架设在河流上的铁路桥，是在一座城市内的与公路交会的立交桥。

再回到明信片文字中寻找线索。"济南风俗其三"，说明这座铁路桥在济南。既然不是胶济铁路全线技术难度最大的铁桥，也不是长度最长的铁桥，又号称"第一铁桥"，那就只有一个结论，是距离胶济铁路西端济南站最近的铁桥，即胶济铁路济南站往东经过的第一座铁路桥。

探秘"第一桥"的位置

"第一桥"的大致位置有了，继续对照1915年前后绘制的"济南市街图"。

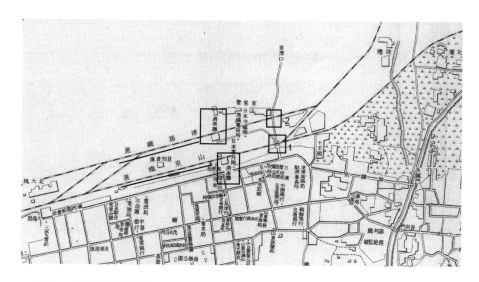

20世纪初的"济南市街图"。上方是津浦铁路和济南站，下方是胶济铁路和济南站，标记"1"处是胶济铁路铁路桥，标记"2"处是津浦铁路公路桥

　　先找到图中济南商埠区北面的两条铁路线，上方是津浦铁路线，图中称为"津浦铁道"；下方是胶济铁路线，图中称为"山东铁道"。从济南站往东沿着铁路线寻找，两条铁路分别与一条"至泺口"的公路相交。不同之处是山东铁道与泺口大道相交的地方出现了铁路桥的图示，而津浦铁道与泺口大道相交的地方却没有铁路桥的图示。按照地图标示，铁路与公路交会，如果修建的是铁道线在上，行人车辆在下的涵洞，就标示为铁路桥梁；如果修建的是铁道线在下，行人车辆在上的高架，就标示为公路桥梁。通过以上分析，山东铁道与泺口大道相交的铁路桥，就是明信片上的"山东铁道第一铁桥"。津浦铁道与泺口大道相交的公路桥，就是现在仍在使用的济南天桥。

寻找"第一桥"的遗迹

抱着浓厚的兴趣，笔者把那张"山东铁道第一铁桥"的明信片及考证文章，以"'山东铁道第一桥'并非老天桥 二者原来是邻居"为题，首发在"有淘有聊老济南"公众号上，没想到引发了不少老济南文史爱好者的关注，探秘"第一桥"又有了柳暗花明的进展。

公众号文章结尾处，笔者颇有感慨地写道："虽然现在那座第一铁桥早已踪迹皆无，但那条连接两座车站之间的岔路还在，那座胶济铁路济南站还在。回溯一座铁桥、两座车站、三条街道，也许能从另一个视角追溯济南这座城市的百年变迁。"但有知道底细的老济南人在公众号留言说："位置应该在天茂路西口，依天茂路的方向向西偏南的对面，20世纪70年代时，铁路游泳池南，还尚存其很小的一部分石头桥基。天茂路，即是当年胶济铁路的路基，这在20世纪50年代依然存在的很清楚的痕迹。"这引发了笔者到实地一探究竟的兴趣。

笔者先按照朋友所说来到了天桥南头的天茂路，从路口往东看就像一个居民小区，往西看视线被天桥挡了个严严实实，丝毫没有铁路桥的影子。沿着天茂路往东，折向小纬北路，再转到铁道北街陈家楼附近，终于见到了与道路并行的胶济线。对照地图，证实了天茂路即是当年胶济铁路的路基，20世纪30年代末，津浦与胶济铁路并轨的时候废弃。这也与胶济铁路博物馆展出的一份1938年10月日本"南满洲铁道株式会社北支铁道事务局"，在济南陈家楼附近铺设铁道征地的地契相吻合。从陈家楼附近的街名也能找到证据，现在铁路线南面的那条街至今仍叫"铁道北街"，对照老济南地图可见，铁道北街当年确实在铁道以北，而那条铁路线就是济南最早的铁路——胶济铁路。

济南陈家楼附近铺设铁道征地的地契

"山东铁道第一桥"桥墩石被发现时的样子

"山东铁道第一桥"桥墩石全貌

　　随后，笔者返回天茂路西口，越过天桥来到了对面，在车站街 2 号月亮门内的上坡道上，发现了两块四四方方的青石，斜躺在一片水泥堆砌的地面上。青石出现在这里，与前文考证的"山东铁道第一铁桥"的位置相吻合，与网友的描述相吻合。

　　如今，笔者站在昔日人来车往的"山东铁道第一铁桥"位置，参照当年明信片照片的角度往北看，拍下了 100 多年后"路是景非"的变迁。在那条岔路的尽头，还拍下了当年那座至今尚存的津浦铁路高级职员公寓。

　　经过这次实地考证探寻，"山东铁道第一铁桥"的确切位置可谓是"物证、人证、史证"据在。回溯一座铁桥，也许能从另一个视角追溯济南这座城市的百年变迁。如今，那两块"山东铁道第一铁桥"的桥墩石已经征集到胶济铁路博物馆。虽然两篇文章的考证探秘告一段落，珍贵的铁路遗存也得到妥善保护，但正像朋友们在留言中说的："追溯济南的百年变迁，就得依靠刨根问底，精益求精""探索研究使文物鲜活起来，这样才能让文物变成文化"。

与世沉浮的泺口黄河铁桥

说完淹没在历史尘烟中鲜为人知的胶济铁路第一桥，再说说至今仍在使用广为人知的津浦铁路泺口黄河铁桥。1912 年泺口黄河铁路大桥贯通，使津浦铁路成为中国东部名副其实的交通大动脉，北通京津，南达沪宁，彻底取代了延续千年的京杭大运河。但黄河自古便是兵家必争之地，一场场大战使大桥遭受着一次次的破坏和修葺，其中有军阀之间的争斗，有国破家亡的抗争，更有迎接新生的期盼，滔滔黄河见证着与世沉浮的大桥之痛。

张宗昌过河拆桥

1928 年，蒋介石、冯玉祥、阎锡山、李宗仁四派联合，北上讨伐奉系军阀张作霖，史称"二次北伐"。4 月 7 日，国民革命军在徐州誓师后，第一集

1912 年 9 月 17 日，即将合龙的津浦铁路泺口黄河大桥

团军沿津浦线北上。19 日，日本以"保护侨民"为借口，宣布出兵中国山东，真实意图却是为了维护其在华北和东三省的利益。奉系军阀、山东军务督办张宗昌闻讯后，一方面电请北京政府向日本驻中国大使提出抗议，另一方面却派人到青岛与日军私下密谋。21 日，原驻天津的日本驻屯军三个中队计 460 人组成临时济南特遣队，沿津浦铁路侵入济南。张宗昌亲自去面晤日本驻济代理领事西田，要求日军予其援手。

与此同时，日军师团长福田彦助率领的第六师团及海军特别陆战队 5000 人 20 日由日本门司出发，25 日在青岛登陆。28 日，北伐军占领了济南远郊万德后，日军于当日开始在纬一路布防，不准中国士兵进入。福田彦助获悉北伐军即将进入济南，于 29 日率部乘军列从青岛赶赴济南，因胶济铁路被北伐军截断，边修铁路边前进，走走停停。30 日，张宗昌自知难以抵抗北伐军的进攻，竟与日军接洽，表示愿意让出商埠交给日军接防，妄图由日军直接阻挡北伐军。当晚午夜时分，张宗昌及亲信分乘汽车 10 余辆，最前一辆插有日本旗开路，后随卫兵乘坐的大卡车数辆，悄然由督署出西门驰向津浦路车站，然后改乘铁甲车沿津浦路奔往天津。据《济南惨案真相录》记载："张临行时，手令胶济津浦两路各军总退却，至黄河以北集合。张车至十一点四十分，始开驶北行……"更加令人惊愕的是，张宗昌溃逃时，命人在泺口黄河铁路大桥 8 号墩台下埋设炸药，第 8 号墩顶部因此被炸掉约 3.8 米，第 8 孔梁及第 9 孔的端横梁坠落在桥墩上。这是泺口铁桥自 1912 年建成以来，第一次遭受人为重大破坏。

　　5 月 1 日，北伐军第一集团军进入济南。5 月 2 日中午，福田率 600 名日军抵达济南，把济南火车站附近的日本横滨正金银行作为临时司令部，很快又把"山东派遣师团车站司令部"的牌子挂到了胶济铁路济南站，在商埠区与北伐军形成对峙。5 月 3 日，日军先行开枪挑衅，进而软禁中国外交部长黄郛，残忍杀害山东外交特派员蔡公时及其 17 名随员。当日，日军残杀中国军民千余人。蒋介石以北伐大业为由，下令北伐军撤出商埠，"决不能与日军冲突"。4 日晚至 5 日晨，除少部军队留守济南城外，北伐军余部撤出济南，渡黄河绕道北伐。8—10 日，日军又悍然进攻济南城，北伐军方振武部、李延年部奋起反击，最终寡不敌众，于 10 日夜撤出济南。次日，日军占领济南城，一年后，经国民政府外交斡旋，才全部撤出济南。

　　国之不幸，黄河含泪。那座损坏严重的泺口黄河铁桥经采取临时措施抢修，于次年 4 月方始通车，后向德国桥梁制造订购配件，1932 年才逐步修复加固完毕。

韩复榘炸毁铁桥

"有一天黄昏的时候，突然三声巨大的爆炸声音，气浪把树叶子都震下来了，把玻璃都震得很响，闹了半天，是国军为了防止日本人南下，主动地把黄河铁桥炸掉。他知道这个时间到了，所以就提着个小箱子，里头有几件换洗的衣服，拿了50块钱，和夫人告别，说我到车站去看一看，如果能走我就走了，如果不能走我还回来，摸摸我的头就走了。最后是由济南出走的，这个时候是1937年11月，最后一列火车。"这一段话，是老舍先生的家人对全面抗战期间济南泺口黄河铁桥的追忆。

1937年七七事变爆发后，时任山东省政府主席、第五战区副司令长官兼第三集团军总司令的韩复榘，负责指挥山东军事，承担黄河防务。面对日本人的引诱拉拢，他曾断然拒绝所谓"华北五省自治"计划，并亲临一线，部署军队进行防御。9月26日，韩复榘组织一团兵力夜袭冀鲁交界处桑园火车站的日军；10月初，韩部三个师血战德州，损失过半。此后，韩部与日军又发生济阳遭遇战、徒骇河之战，均遭失败。11月15日，日军前锋进抵黄河北岸鹊山，韩复榘下令炸毁济南泺口黄河铁路桥，以迟滞日军攻势。当时铁桥第9、10号桥墩水面以上全部被炸飞，3孔悬臂梁断裂坠入河中，第3、4、5、6、7、8各孔钢梁均一端坠地，钢梁杆件被炸伤87处之多，这是大桥所经受的最严重的破坏。

泺口铁桥被炸毁后，韩部沿黄河南岸布防，与日军隔河对峙。当时，济南城已处于日军炮火的射程覆盖之内，而蒋介石原答应调拨给韩部的一个中央军重炮旅却转而调拨给了汤恩伯，韩部在火力对比中处于严重劣势。12月13日，首都南京沦陷，战局急转直下。12月23日，日军占领章丘，齐河、济阳日军

与世沉浮的泺口黄河铁桥

1937 年 11 月，被韩复榘下令炸毁的津浦铁路泺口黄河大桥

开始渡黄河，迫近济南。24 日，韩复榘自知不敌，为保存实力，主动撤离济南，同时下令焚毁省政府、进德会及日本银行、领事馆等多处建筑。26 日，黄河北岸鹊山一带的日军也开始渡河进占济南。27 日凌晨，韩部断后部队最后撤离济南。当日上午 9 时，日军叽谷师团进入不设防的济南城，济南就此沦陷，胶济铁路西段随之被日军全部占领。

随着济南的沦陷，泰安、济宁相继失守，整个华北地区都陷入了日军的铁蹄之下。韩复榘不战而放弃黄河防线之举，虽有不得已的苦衷，但给全国全民族抗战造成了极大的负面影响。次年 1 月，他在开封参加北方将领会议时，被蒋介石下令拘禁枪决。

日军抢修三座桥

在济南，一座铁桥注定无法阻挡日寇的铁蹄，甚至没能争取到更多时间延缓日军侵略的脚步。

日军对打通津浦铁路，将侵华触角快速向南延伸极其重视，从 1937 年 12 月 27 日起，由工兵部队先行赶工架设浮桥，1938 年 1 月 1 日开通。这座浮桥建在被破坏的泺口黄河铁路大铁桥东侧 20 米处，由板材和铁船组成，长 1000 多米，能够供车马通行。

日本侵略的欲望不可能止于黄河，也不会止于华北。日军派木村部队和"南满铁路公司"的技术人员，在津浦线泺口黄河铁桥下游 100 米处，从 1937 年 12 月开始不眠不休地架设津浦线临时铁桥，该铁桥以木柱支撑，全长 350 米，宽 75 米，于 2 月 9 日下午三时架设成功，11 日首列列车应急运行。

在黄河架设临时铁桥的同时，日军疯狂地着手修复泺口黄河铁路大桥。1938 年 1 月，开始由日本黄河桥工程事务所施工修复。因悬臂梁损坏严重，更换为日本铁道部大臣官房研究所设计、日本汽车制造株式会社制造的新梁，共投资 376 万元，用钢材 4000 余吨。6 月 30 日，黄河铁桥修理工程全部完工。架梁时出于军事需要，未待铆合即强行通车，致使第 10 孔的孔梁下挠 240 毫米，给大桥留下隐患。7 月 1 日上午，首发列车从黄河北岸抵达济南。

为了阻止日军修复泺口黄河铁路大桥，进而打通津浦线的侵略企图，1938 年 5 月 27 日午后，中国排出一支轰炸机编队，轰炸济南北面津浦铁路泺口铁桥，同时命令徐州地区的中国军队沿山东海岸向北前进，经过日照，继而向西前进，经过莒县复转西北向沂水而行，计划以津浦铁路以东，济南以南的泰山

1937 年 12 月，日军在津浦铁路泺口黄河大桥旁边架设的浮桥

1938 年，日军为深入侵华加紧修复津浦铁路泺口黄河大桥

如今仍在使用的泺口黄河铁路大桥

为根据地，破坏济南南面的铁路交通。

　　中国军队一边撤退，一边组织抵抗。风在吼，马在叫，黄河在咆哮，万山丛中，青纱帐里，端起了土枪洋枪，挥动着大刀长矛，保卫家乡！保卫黄河！保卫华北！保卫全中国！

虎狼之争的见证

　　走进胶济铁路博物馆"风雨沧桑路"展区，展柜里放着一本蓝色封皮的厚厚图册，封面上用日文赫然印着《日独战役写真帖》。工作人员介绍，"独"是日语中对德国的称呼，这本书是日本 1914 年为纪念日德战争胜利出版的影像专辑，再现了日德青岛之战的全过程，也记录了胶济铁路建成 10 年后，如何从德国的控制下易手日本的。

"一战"爆发，日本对德宣战

　　青岛自古是海防要地，扼制着水上从山东半岛面向中原地区的通道，与辽东半岛一起形成掎角之势，守卫京津门户。德国强占青岛后，经过 17 年的殖民建设，青岛成了初具规模的港口城市。胶济铁路源源不断地将中国山东的农产品、矿产输送给德国，带来了巨大的经济利益，让日本垂涎已久。

1914 年 7 月 28 日，第一次世界大战在欧洲爆发，日本期盼欧战加剧趁火打劫，谋取蓄谋已久的私利。8 月 4 日，英国对德开战。7 日，英国政府正式向日本提出援助要求，希望日本海军搜索并击沉正在中国海面袭击英国商船的德国军舰，并提出："当然，这也意味着日本对德宣战。但是，英国政府认为，这是难以避免的。"8 月 7 日晚，日本外相加藤高明在召开的内阁会议上表示："断然参战，相信乃适应时宜之良策。"

为保住其在华势力范围，德国以退为进，提出将胶州湾租借地有条件地交还中国。但德国驻华使馆参赞与北京政府外交部人员进行非正式秘密谈判时，日本获悉此事，遂向中国政府强力施压，逼迫中国政府打消收回胶州湾的念头。

胶济铁路博物馆展出的《日独战役写真帖》

1914 年 8 月 15 日，日本向德国发出最后通牒，要求德国："第一，立即撤退日本及中国海上之德国舰艇，不能撤退者，立即解除其武装；第二，德帝国政府在 1914 年 9 月 15 日以前，将全部胶州湾租借地无条件交付日本帝国管辖，以备将来交还中国。并限定德国政府于 23 日中午之前无条件接受以上要求。"德国对最后通牒未予理睬。23 日，日本宣布对德国宣战，日德战争随即爆发。27 日，日本第二舰队抵达青岛海域，全面封锁胶州湾，从海上堵住青岛德军对外联络的通道。28 日，由陆军中将神尾光臣为师团长的日本独立 18 师团首批部队乘船离开日本，向山东半岛开进，青岛成为第一次世界大战中远东唯一战场。

青岛经过德国人 17 年的经营，修建了数量众多、规模庞大的炮台、堡垒、军营及附属设施，成为远东著名的海防要塞，日军在青岛海域将遭遇德军的顽强抵抗。为此，日军将目光转向青岛以北 250 公里的龙口。9 月 2 日，日本独立 18 师团先头部队山田旅团在山东北部的龙口莱州湾登陆，但莱州湾同时迎来的还有持续的暴雨，独立 18 师团主力部队迟至 15 日才全部登陆。这场暴雨打乱了日军登陆后，从陆地赶往崂山仰口湾的预定计划，独立十八师团的一个旅团被迫于 16 日在龙口重新登船从海路赶赴青岛。18 日，日军兵不血刃地登陆崂山仰口湾，为后续部队登陆提供陆上掩护。

日军的临时铁道联队

在这次日德青岛之战中，组建时间不长的日军临时铁道联队发挥了重要作用。战争爆发前的 1913 年，日本军方在国内实施了轻便铁路大演习，为侵略青岛时如何铺设使用轻便铁路提前进行了训练。1914年7月，组成临时第三铁道大队，其目的是设想胶州湾的青岛攻防战中，在登陆地点向内陆铺设手推轻便铁路，实施兵员和装备的快速运输。8月底，组建临时铁道联队的命令下达，负责战事中胶济铁路的修复和运营工作。

虽然成立了临时铁道联队，但军方重视炮兵轻视铁道联队的倾向在作战开始之前就已经表现出来了。重炮兵部队认为根据日俄战争的经验，重炮只能用圆木在道路上运输，手推轻便铁路不堪大用，依靠轻便铁路运输重炮不知道什么时候才能到达阵地。铁道联队反驳说，手推轻便铁路的材料和日俄战争时相比强度有所提高，所以无论什么重炮都不会妨碍运输。但又被指责运输车辆载重1吨半，能力不足，铁道联队将其变更为5吨制式车辆。

日军用轻便铁道运输弹药

这一切也并没有说服重炮兵部队，青岛攻防战最初还是用骡马来牵引重装备。但受困于崂山到前线的复杂地形，骡马拉重炮的道路运输很快就中断了，开战三天后转使用手推轻便铁路运输，随后 28 厘米的榴弹炮也采用了同样的运输方法。用手推轻便铁路运输的军需品，繁忙时一天最大运载量达到 140 吨，但由于运输需求特别大，超载导致车辆破损，零部件补给替换一度成为棘手问题，后来铁道联队材料厂向"南满铁路"订购部件后进行修理。

由于日军战前对山东铁路实际情况调查不足，按照 1067 毫米轨距进行了准备，致使携带的轨道材料在胶济铁路 1435 毫米轨距间完全没有用。从德方接收的蒸汽机车大多装备了过热器，技术人员没有经验，无法判断其是否方便，只好将 1 辆车拆开进行构造研究才掌握了驾驶方法，诸如此类的事情给铁道联队造成了不小的麻烦。

但从整场战争来看，临时铁道联队对战局的发展还是起到了重要作用。以前铁道队的任务是提供后方支援，随着日俄、日德战争的实战，铁道队成为日军进攻作战的重要力量，运用装甲列车，实施强行突破的任务也加入其中，战场上的铁路成为日军四处侵略扩张的攻击手段。

日军占领胶济铁路全线

面对日本的压力，中国北洋政府宣布中立，划出潍河以东，海庙口、掖县（今莱州）、平度以西为日军行军区，甚至撤走掖县附近驻军，以免与日军发生冲突。然而日本的野心是由山东北部登陆后，可以趁战事占据胶济全线，既可截断德军陆上退路，又为日后霸占胶济铁路造成既成事实。

9月23日，日军战地司令神尾光臣接到占领胶济全线指令。从龙口登陆的日军经掖县、平度、即墨，到胶州，迅速占据胶州火车站，切断了德军供给线，并利用胶济铁路快速向西推进，越过"行军区"图谋济南。尽管北洋政府始终抗议，却不能阻止日本不断扩大军事行动。

　　日军沿胶济铁路烧杀劫掠。9月25日晚，日军大尉野村率400多士兵包围了潍县火车站，4名德籍管理人员被掳走，10多名铁路职员被拘捕，车站电报员李天训被刺伤，下落不明。驻潍县陆军第五师师长张树元派人多方寻查，三天后在车站西北一片坟地内发现了尸体。经医官检验，为刺伤左肋致死。张树元命部下与日方交涉，日军当场口头承诺查办行凶之人，却再没了下文。26日，统率办事处致电外交部："日军占据潍县车站，持有大队长函件，虽与交涉，不允退出，请速筹对待。"又电："日兵占据潍县车站，交涉不退，并捕

日军占领德方尚未完工的胶济铁路济南车站

拿苦力，扎死一人。又到步兵一营，预备把守由潍至济车站请速筹备对待之策等语。"

30日，外交部向日本政府提出抗议。胶济铁路是德国商人开办，"中德"签订的《胶澳租借条约》第二端及胶济铁路第一款中明确表示：该路不只是德国商人产业，而且是中国商人有股份的产业。说是德国政府的产业，实属误会……自潍县至济南的铁路，由中国保护，已经中国外交部特别声明，也经日本驻华公使特别承认。日本军队占领潍县站，有向西进犯的意图，而日本公使来外交部声称，将占领胶济铁路全路，中国政府不能不认为这是违反协商，侵犯中立，破坏公法的行为。但这些抗议对于蛮横无理、志在必得的日本来说，根本不会起到任何作用，中国政府不得不再次退让。

此后，日军沿胶济铁路不断扩大军事行动。10月5日，占领青州车站；6日半夜，占领胶济铁路西端的济南府西站。11月7日，德军投降，日军攻陷青岛，占领胶济铁路全线，日德战争宣告结束。

日本占领青岛及胶济铁路后，北洋政府频频向日本提出抗议，数月间双方围绕胶济铁路进行了多番激烈的交涉。日本不仅毫不退让，而且迫不及待地想将其在青岛和山东的权益合法化，侵占山东更图谋全国。

沿着胶济铁路博物馆"风雨沧桑路"的展线继续前行。"一战"后的巴黎和会上，公理在强权面前沉默，胶济铁路是一条导火索，引发了轰轰烈烈的五四爱国运动，将一个民族渴求自由、民主的精神点燃。随后的几年，面对"济南惨案"的暴行，七七事变的蹂躏，胶济铁路成为一个民族不屈不挠、奋勇抗争的见证。

寻找庄景山

在胶济铁路青岛博物馆的展柜中，有一份没有写完的简历。简历的撰写者是 100 多年前，一名叫庄景山的胶济铁路工人。这份简历是如何被发现，又是如何出现在博物馆的公众视野中的呢？更重要的是庄景山是谁，简历的背后是否隐藏着胶济铁路不为人知的秘密呢？

青岛来的客人

2019 年盛夏的一天，位于济南的胶济铁路博物馆迎来了三位来自青岛的客人。两位中年男子是兄弟俩，还有一位年轻女士是弟弟的女儿。他们一大早从青岛出发，乘坐高铁来到济南，一出站就直奔胶济铁路博物馆，似乎为了什么特殊目的而来。一行三人认真参观后，若有所失，但又久久不愿离去。笔者

223

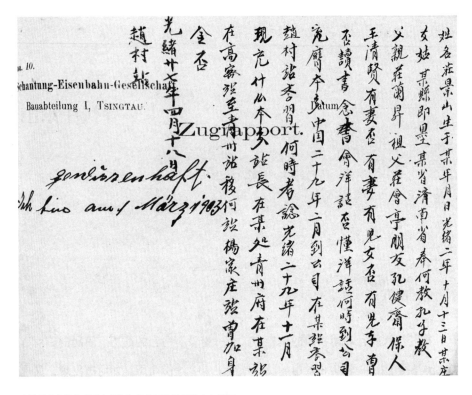

庄景山写在德文"列车报告"空白页上的半份中文简历

作为博物馆的管理人员，也由此结识了这一家人。

领头的是兄弟中的弟弟，姓庄，长我几岁，我称呼"庄大哥"。攀谈中庄大哥说，他们这次专程从青岛来胶济铁路博物馆，是为了寻找他曾祖父庄景山的资料。先祖早年在胶济铁路谋生，但看遍展馆，始终没有发现相关信息，为此找我寻求帮助，并从手机里打开了一幅图片，说是曾祖当年亲笔写下的一段简历，除此之外也没有更多的个人信息。

我看罢这份简历的图片，不无遗憾地对庄大哥他们说："从简历描述的时间来看，曾祖景山先生是 20 世纪初，德国修建和管理胶济铁路时期在铁路工作，我们博物馆没有这个时期职员的完整记录。按照您介绍的景山先生在1914年日军占领胶济铁路后另谋生路的情况，从馆藏20世纪二三十年代的《胶济铁路职员录》中，也不可能查到相关信息。我会关注这方面的资料，但目前只能介绍景山先生同时期胶济铁路职员的工作状态。"

从眼神中能看出庄大哥一家人听后心中极度失落，在表示感谢的同时，也希望与胶济铁路博物馆保持联系。

转眼就是一年。2020年春天，笔者参与胶济铁路青岛博物馆筹建，在青岛常驻，得以再次与庄大哥取得联系，并有机会多次走进景山先生当年居住的，位于胶济铁路原女姑口车站附近的那个小村庄。

村庄看上去比较殷实，一排排的平房中隐藏着当年庄家的老宅。庄大哥热情相迎，讲述着100多年前庄家与胶济铁路的过往：先祖景山早期在胶济铁路任过站长，听先辈人说，有一次骑着大马，挎着枪，带着随从回过村里。1914年德国人撤离胶济铁路前，让景山保管好一部分铁路资料等他们回来，先祖此后离开铁路经商，并留下了四大箱子。说完从里屋搬出来一个黑漆大木箱，足足能装下一个成年人。我和庄大哥一件件翻看着箱子里的东西，其中有景山先生当年学德语时抄写的小册子、山东铁路公司铁路制服的铜扣子、印着胶济铁路车站的旧黄历、做生意记录的账册、新西兰的经济报告，还有一些当年的书籍、朋友赠送的对联书画等，唯独没有庄大哥在手机里给我展示的那半份简历。

庄大哥说，随着老人的过世和前段时间家族修谱，他对祖上的事有了浓厚兴趣。当年景山先生留下的几大箱子资料，也被后辈分别留存。遗憾的是随着分家、搬家，有的遗失、有的丢弃、有的束之高阁，这半份简历的照片还是几年前亲戚发过来的，原物他也没有见过。

听完庄大哥的讲述，这次轮到我心中极度失落，揭开庄景山简历之谜的愿望也许要就此落空……

半份简历中的秘密

告别庄大哥后，没有写完的那半份简历始终萦绕在我心头，在筹建博物馆之余，时常从电脑上、手机里打开照片端详。

景山先生的那份简历并不是写在一张白纸上，而是直接书写在一本报告册的其中一页上。册页上印有德文："列车报告，山东铁路公司青岛第一工段"；此外还有两行手写德文，大意是："承诺负责，1903 年 5 月 1 日，赵村—女姑口"。册页大面积空白部分是景山先生用毛笔手写的中文简历（标点符号为笔者加）：

姓名？庄景山；生于某年月日？光绪二年十月十三日；某庄？女姑；某县？即墨；某省？济南省；奉何教？孔子教；父亲？庄兰升；祖父？庄会亭；朋友？孔健齐；保人？王清贤；有妻否？有妻；有儿女否？有儿子；曾否读书？念书；会洋话否？懂洋话；何时到公司充膺本分？中国二十九年二月到公司；在某站学习？赵村站学习；何时考念？光绪二十九年十一月；现充什么本分？站长；在某处？青州府；在某站？在高密站至青州站；移何站？杨家庄站；曾加身金否……

光绪廿七年四月十八日，赵村站

庄景山 1900 年抄写的学习德文手册内页

我首先从最清晰明确的中文内容入手解读。半份简历中简要介绍了景山先生学习工作及其家庭的基本情况。仔细辨识，手写中文出现过四次三种年代的表述方式，分别是"光绪二年""中国二十九年""光绪二十九年""光绪廿七年"。此外，文中还有两种字体。中文最后的"光绪廿七年四月十八日，赵村站"分别另起一行书写，字体明显与前面的大段文字不一致。这一点从"廿"与"二十"的使用也能证明。

当年德国侵占胶州湾后组建了山东铁路公司，为修建胶济铁路把工程项目分为六个工段，其中青岛为第一工段，并实行分段修筑、分段通车的方式，以求尽快收回投资。青岛至胶州段于 1901 年 4 月 8 日首先通车，赵村站就属于

停靠在庄景山居住地附近女姑口站的胶济铁路德军运兵列车

这个区间，与文中"光绪廿七年四月十八日，赵村站"的记录仅仅相差10天。一个8日，一个18日，不知道是当年记录者回忆有误还是其他原因造成的，但说两者之间没有丝毫关联，应该也难以令人信服。

笔者据此分析，这份"列车报告"应该是记录该区段铁路运营的工作记录册，手写德文是记录者在1903年5月1日的赵村—女姑口车站写下的。而这个时间恰恰是简历中记载的景山先生光绪二十九年（1903）二月至十一月在赵村站学习期间，由此笔者推断，记录者正是景山先生本人。至于文末"承诺负责"是否为工作中的格式化表述，由于笔者没见到"列车报告"其他部分，无法加以印证。

推测出这本德文"列车报告"和景山先生的关系，但更大的疑问也随之而来。景山先生当年为什么要将简历写在一份德文的列车报告册页上？懂洋话会德文的景山先生为何用中文写自己的简历？究竟是要写给谁的？为什么这张册页上会出现不同的年代表述方式？为何册页没有写完？

在胶济铁路寻找庄景山

问题接踵而至，解谜的冲动也愈发强烈。根据这半份简历提供的线索，结合庄大哥的口述和相关史料，笔者尝试着探究景山先生在胶济铁路的那段过往。

光绪二年，也就是 1876 年，景山先生出生在胶州湾畔的女姑口。就在这一年，也是在中国沿海小镇，中国第一条投入商用的铁路——吴淞铁路，被英国商人偷偷建成投入运营。从简历中看到，庄景山自称信奉"孔子教"，就是儒教，并没有表示上过教会学校或信奉洋教，但"懂洋话"。究竟是什么原因促使这个孔孟之乡的庄户后生学习外语，并乐意到德国人开办的胶济铁路学习工作呢？何况德国人武力侵占胶州湾，又在铁路修建过程中多次与当地乡民发生严重暴力冲突，铁路对于很多中国人可以说是国恨家仇，唯恐避之而不及。也许是生活所迫，也许是见过世面，庄景山敢为人先，试图接近甚至驾驭这个被乡民视为破坏祖先风水、摄取人们魂灵的"火轮车"。在庄家留存下来的那个黑漆大木箱里，笔者看到了 1899 年至 1900 年庄景山在学习德语的小册子上，把"中国"标注为：妻拿；"火车路"标注为：挨衣生浜；"工人"标注为：挨黑巴衣推鞋……字里行间似乎能看到一个留着辫子的中国年轻人接受迥异文化和事物的用心，而这两年恰恰是胶济铁路开工修筑的时间。

胶济铁路在庄景山生活的女姑口设置的赵村站，后改为女姑口站

像庄景山那样在胶济铁路工作的中国铁路工人（一）

1901 年 4 月，胶济铁路首段开通，在庄景山所在的女姑口设置了赵村站。1903 年 3 月至 12 月，他进入山东铁路公司，在家门口的赵村站学习铁路业务，5 月份写下了那份德文的"列车报告"。随后的 10 年间，工作成绩优异的庄景山被分配到胶济铁路高密、青州府、杨家庄等站，一直做到站长的职务。

　　1914 年 8 月，青岛日德战争爆发，匆忙撤离的德籍职员让站长庄景山保留好铁路相关资料，等他们回来。日军占领胶济铁路后，对原来的中方职员进行登记，要求详细写下个人经历以便甄别留用。内心彷徨，充满矛盾的景山先

像庄景山那样在胶济铁路工作的中国铁路工人（二）

生顺手拿过一个旧本子，翻到一页空白处开始打草稿。这个本子就是当初他在赵村站学习的"列车报告"。在铁路已经工作10年，娴熟使用德语的庄景山，这次不用给德国上司写报告了，而是占领胶济铁路的日本人。他工整地用中文一问一答，但地点却习惯性地使用了先村庄再城镇的欧洲表述方式。回想自己从出生到铁路工作还是大清国，如今民国也已成立3年，从接触西洋文化那天起，他就学过"中国"二字在世界中的含义。"光绪"还是"中国"，"年号"抑或"公元"，成为庄景山内心深处交替出现的字眼。

国家何去何从？胶济铁路何去何从？他庄景山又将何去何从？写到这里，他实在无力继续下笔。也许坚决离开铁路另谋生路的打算，从景山先生在简历停笔的那一刻就已注定……

2021年12月31日，胶济铁路青岛博物馆建成开放，包括庄景山简历在内的10多件展品分别陈列在展厅里，了却了庄大哥一家人的心愿。

胶济铁路 1923 年记忆

1923 年，胶济铁路建成 19 年后，路权第一次回到中国手中。胶济铁路的收回，对中国的军事、政治、经济利益都具有重要意义，是中国首次通过外交谈判形式收回路权，是中国近代史上具有里程碑意义的一次外交胜利。一本《接管胶济铁路纪》，记录着中国接收胶济路权的全过程。

胶济铁路乃中国之喉

胶济铁路是山东的第一条铁路，于 1904 年由武力侵占胶州湾的德国修建完成。日本在 1914 年的第一次世界大战期间对德宣战，占领青岛和胶济铁路全线，中日之间由此展开了对山东主权和胶济路权长达 8 年的交涉和争夺。

在战后的巴黎和会上，西方列强将德国在山东的权益划给日本，引发了轰

《接管胶济铁路纪（上）》封面

轰烈烈的五四运动，中国代表最终拒签和约。这是近代中国外交史上一个具有标志意义的事件，开创了中国外交敢于抗争的先例，也使山东问题成为中日之间的一个悬案。

1921年11月12日，华盛顿会议召开。在中日边缘谈判中，胶济铁路是山东问题中最关键、难度最大的问题，"中国以何种方式收回该路"成为双方长期争执的焦点。

谈判初始，日本仍坚持"中日合办"胶济铁路的要求，被拒绝后，又提出同意中国赎路自办，但要向日本借款赎路，想要成为胶济铁路的债权人。其附加条件为：胶济铁路的总工程师、车务长、总会计师都由日本人担任。为防止日本将胶济铁路控制权掌握手中，中国政府权衡利弊后，提出现款赎路，完全收回路权。然而当时国内形势并不乐观，现款赎路困难重重。随后中国政府又提出国库券赎路办法，仍遭到日本拒绝。英美两国顾及各自利益，插手进行调解。最终中日双方选择以国库券方式赎回胶济铁路。赎路款未还清前，胶济铁路车务长和会计长需由日本人担任。

1922年2月4日，中日双方正式签订《解决山东悬案条约》及《附约》，使山东问题得到了原则方案上的解决。随后签署《关于山东铁道沿线撤兵的协定》，5月6日，胶济铁路沿线日军全部撤退完毕，中国政府接收胶济铁路防务。

签署《山东悬案铁路细目协定》，1923 年 1 月 1 日，日本将胶济铁路及其支线一切附属财产移交中国，中国偿还日本政府铁路财产 4000 万日元，以国库券照票面支付，年息 6 厘，以胶济铁路财产及进款为担保。

至此，鲁案善后工作正式进入接收阶段。1922 年 11 月 28 日，中日双方成立了铁路移交分委会。

1923 年 1 月 1 日接收胶济路权

1923 年 1 月 1 日 11 点半，胶济铁路移交仪式在即将成立的胶济铁路管理局隆重举行。胶济铁路移交仪式后，中方接管人员与日方各主管人员进行详细交接，并逐一点收。至 1 月 31 日，胶济铁路管理权及行车权由中方路局全权接管。

赵德三作为中方首任胶济铁路管理局局长，在一次公开演讲中，将接收胶济铁路之难概括为六个方面。

一是接收困难。胶济铁路各机关"种类繁多，头绪纷杂，逐一点收，极非容易，且往往有因解决山东悬案细目协定，未能明了"的事情。"即就总务所属点收家具一项而论，仅青岛一隅，已有七百余家之多，非派娴熟日文人员，竭月余之力，不克藏事"。

二是用人困难。胶济铁路在日本管理时期，"大小员司几于全用日人，华人除仆役职工外，不足百分之一……均须另觅华人从事接替，迭经分向各路调用，并招考德管时代华员"。但"各路不能充分借调……德管时代的旧人，离职已有八年之久，未必尽能适用。三则旧有日人，既不肯多留，亦不便多

1923 年 1 月 1 日接收胶济铁路纪念合影。前排右一为中方首任胶济铁路管理局局长赵德三

留……十六机关仓卒搜罗，随到随派"。

三是经济困难。"今埠头既已分离，矿山又复独立，路局失唇齿之依，即收入受无形之损。而赎路公债四千万元，年息二百四十万元，则须路局完全负担。近查本路每月支出，共六十万元，而每月收入平均不过六十余万元"，如果"不力加扩充，节俭支出，收支两抵，已无盈余"。

四是运输困难。胶济铁路接受以后，客货车辆总计"约有百分之四十急待修理，待修之车辆既多，材料又极缺乏，完全修竣尚须假以时日，不得不分别要次，均匀支配，逐渐疏运"。

五是行车困难。德国修建胶济铁路之初，"交通务求其捷，而成本则务求

接收胶济周年纪念章

其轻。设备务求其周，而用材则务求其省。桥梁钢轨质甚薄弱，不能耐重"。日本接管以后，"添设美国机车，重量既大，冲击力又巨，与桥梁钢轨不能适合"。

六是管理困难。管理铁路依靠规章，胶济铁路接收后一切章程都要依赖国有铁路管理办法。但胶济铁路与其他铁路情形不同，德日时代的各项管理制度已经很难适用，国有铁路的章程"亦似尚有应行斟酌之处……在专章尚未订妥之前，苦无相当之规程可资师法"。

汇聚胶济的中国铁路精英

中国政府收回胶济铁路时，为保证顺利过渡和正常运营管理，从德国管理胶济铁路时期留下的人员中招考车务员、司机及机械工外，还从京奉、京汉等

时任胶济铁路管理局工务处处长萨福均

各路借调了部分路务和技术人员，形成了山东本地职员、留任职员为主，其他各路调入职员为辅的人员结构。

据 1923 年编《全国铁路职员录（胶济线）》记载：时任工务处处长萨福均，字少铭，福建闽侯人，美国普渡大学土木工学士，曾获四等嘉禾章，曾任广东粤汉、川汉、沧石、京汉等路工程司，云南临个铁路总工程司，交通部路政司产业科副科长代理视察技正，京汉、汉浊地务处副处长，鲁案铁路评价委员会委员，接收委员会委员等职，时年 39 岁。萨福均 17 岁赴美国就读圣路易中学，1905 年转至日本横滨学习日文，1910 年获美国普渡大学土木工程学士学位。归国后受詹天佑器重，先后督造粤汉铁路曲江大桥和高廉村隧道两处高难度的桥隧项目。随后，担任京汉铁路工程师，成为国内铁路系统顶尖人才之一。在胶济铁路任职八年，几乎主持完成了胶济铁路大修全部工作，以出色业绩给本想看笑话的日本人有力回击。

时任工务第一总段正工程司邓益光，字述之，广东顺德人，美国澳衰澳大学土工程科毕业，曾任南浔铁路分段工程司，汉粤川铁路宜夔段帮工程司，株钦铁路副工程司、优级副工程司，测勘路线队长，交通部铁路技术委员会工程股专任员，漳厦铁路副总工程司，鲁案督办公署工程股助理员，交通部技士等职，时年 38 岁。后接替萨福均担任胶济铁路管理局工务处处长。1936 年 6 月，成渝铁路工程局成立，邓益光任局长兼总工程师。

时任机务处车辆课课长程孝刚，字叔时，江西宜黄人，江西高等学堂毕业，美国白度（普渡）大学机械工学士，曾获六等嘉禾章。曾任广东兵工厂机械工程司，中东铁路机务监督员，津浦路济南机厂机器司等职，时年32岁。1927—1935年程孝刚先后任津浦、北宁铁路管理局机务处处长，铁道部技术标准委员会委员，参与中国第一部自己编订的《机车制造规范》和《车辆材料标准》，参与南京火车轮渡工程和渡轮设计。1936年任筹备处长，主

时任胶济铁路管理局机务处车辆课课长程孝刚

持株洲机厂新建工程。全面抗日战争期间，为了打通西南国际通道，参与了滇缅铁路筹建，担任机械总工程司兼机务处长。先后三次到上海交通大学任秘书长、教授、系主任、副校长、校长等职，为中国铁道建设事业培养了大批高级技术人才，1955年被选为中国科学院技术科学部学部委员。

……

1923年，汇聚在胶济铁路的中国铁路精英何止于此，胶济铁路进一步发展的序幕也由此开启。但中国收回路权的胶济铁路，日本仍然握有胶济铁路债券及车务长和会计长两个关键职位，巨额的赎路款像雪球般越滚越大，胶济铁路力图振兴的步伐止步于1937年7月日本全面侵华。

胶济铁路大修合影解谜

10 多年前，有一张胶济铁路人物合影曾经在多种书刊甚至博物馆中被介绍。最初介绍为"1904 年胶济铁路开通仪式合影"，但依据人物的民国装扮被澄清后，又被表述为"20 世纪二十三年代，胶济铁路大修竣工后的合影"，但拍摄的时间、地点和事件均语焉不详，种种疑问没有迎刃而解，反而更加扑朔迷离。

20 世纪 20 年代的胶济铁路大修

20 世纪 20 年代胶济铁路开展大修的直接原因，源于 1923 年初的一次重大行车事故。

"一战"后，经中国代表在巴黎和会和华盛顿会议上的顽强斗争，以及在

1925 年 6 月，胶济铁路第一批钢梁桥大修竣工合影

此期间全国民众不屈不挠的抗争，胶济铁路路权终于在 1923 年 1 月 1 日这天，由中国政府从日本手中以 4000 万日元的代价赎回。

据 1926 年底出版的《胶济铁路接收四周（年）纪要》记载："胶济铁路大小桥梁共约一千八百座。钢制桥梁之在干线上者，约有一千座之多。当德人建筑之时，为求简省便捷起见，所有全路钢桥设计，其规制均采自 Colonial Linc 成案办理。以故各桥荷重量定为轴重十三公吨（吨）。跨度十五公尺（米）以上之桥梁，几完全为开顶华伦轻巧式，仅合行驶德式轻快机车之用。日管时代，因谋改进运输，采用美式笨重机车，致机车活动荷重，竟激增至古柏氏 E 三十五级左右。且美式机车，其主动轮之冲撞力，远甚于德式轻快机车。以此种重机车，驰骤于二十年以前之旧式轻巧钢桥之上，其各部分竭蹶情形，自可

胶济铁路大修合影解谜

想见。迨接收以后，即经详细调查，所有全线各钢桥，其薄弱部分之应力，殆无不超出钢料弹性以外，危险情形殆难言喻。于是为维持现状计，筹备临时缀补费四十万元，兼程赶工，分头缀补。"此外，"胶济铁路现用之六十磅钢轨，重量太轻，所垫钢枕，亦属过稀。统计自民国十二年（1923）起，至十五年（1926）十二月止，钢轨之损坏断折者，已达四百四十余次之多。轨道薄弱，无可讳言。"

随后的几年，胶济铁路管理局在全线开始了大规模大修改造。由路局按月储款，将全路干线桥梁分批更换，并定新桥的荷重量为古柏氏 E 五十级，以钣梁桥为主要桥，以期坚实耐久。所有新建桥梁，皆由工务处依照部颁钢桥规范设计，跨度在十米以下的用工字梁或钢筋混凝土桥，跨度在十米以上至三十米的用钣梁桥，三十米以上的用花梁桥，遇有适当地点则改建钢筋混凝土桥或增筑桥墩将跨度改小。

据 1933 年 4 月出版的《交通杂志》第一卷第六七期合刊中《胶济铁路整理路务之过去与将来》记载："于十三年（1924）开始更换。计十三年（1924）更换大小桥梁十五座，十四年（1925）更换大小桥梁三十二座，十五年（1926）更换大小桥梁十五座，十六年（1927）更换大小桥梁三百三十一座，十七年（1928）更换大小桥梁三十余座，管理委员会接管以后，仍照前项计划，赓续进行……"十八年（1929）更换潍河大桥、云河大桥、南泉济南间及其他小型桥梁七十八座，又增筑青岛四方间桥梁四座；十九年（1930）更换大港潍县间白沙河桥、白狼河桥、海泊河桥三座，及其他区间桥梁五十三孔，改建桥梁九孔；二十年（1931）更换大小桥梁七十九孔。

从胶济大修合影抽丝剥茧

　　回头看那张胶济铁路大修"竣工"合影，在当年胶济铁路大修更换的几百座桥梁的记载中找到这座桥，可谓大海捞针或盲人摸象。

　　这张合影并不是孤立的，它来自一本《胶济铁路大修摄影集》。遗憾的是，这本摄影集虽然比较全面地用150余幅照片记录了胶济铁路大修时不同时间和地点的真实情形，但绝大多数照片都没有同时记录下照片拍摄的时间和地点，其中就包含这张胶济铁路大修"竣工"合影。

1925 年 6 月，胶济铁路工务技术人员考察大修竣工后的大沽河桥（关联合影）

这部摄影集前言载明："此集摄影乃十四年（1925）至十五年（1926）更换桥梁施工情形之一部分也"。笔者在《胶济铁路接收四周（年）纪要》中发现，更换竣工的五座下承钣梁钢桥均集中在 1925 年 6 月。遗憾的是，从那张胶济铁路大修"竣工"合影中，看不出桥梁的长度和孔数，无法进一步确定地点。

经过多次辨识，笔者在这本摄影集中又发现了一张合影照片。通过细节对比，这张"关联"合影虽然与"竣工"合影中不是同一座桥，但有 17 个人同时出现在这两张合影中，而且同一个人的衣着服饰前后几乎一样，"巧合"之中隐藏着解开"竣工"合影之谜的密码。

"关联"合影铁路桥虽然看不到桥孔，但看桥的长度绝不可能低于五孔，对照竣工范围内的五座桥，只有六孔的大沽河桥和大沽河上流桥符合这个标准。笔者经过对影集中相关照片进一步比较核对，确定"关联"合影的铁路桥是 59+196 公里处三十公尺（米）跨度六孔大沽河桥。

同时出现在两张合影中的 17 人，只有一个人换过衣服，按常理两座铁路桥应该有一定距离，致使拍摄人在短时间内或者说当天无法到达，所以相隔至少一天拍下了两张合影。

排除五座桥中已经确认的大沽河桥、大沽河上流桥和距离太近的 60+997 公里桥，只剩下东部的 6+480 公里桥和西部的 84+595 公里桥二选一。

笔者认为进一步分析的参考依据将是两张合影中的总人数。总人数之所以成为分析依据，是因为中国政府 1923 年 1 月 1 日收回路权后成立的胶济铁路管理局总部设在青岛。按照常理，越靠近总部青岛，越容易集中与胶济大修相关的部门和人员，反之越少，这也是"竣工"和"关联"两张合影中分别出现 54 个人和 20 个人，人数相差一倍还多的原因。笔者由此初步认定，"竣工"

合影中的胶济铁路桥是 6+480 公里处十五公尺（米）跨度两孔桥。随之还从该桥的位置走向、照片中人物的影子，推断出这张"竣工"合影拍摄于 1925 年 6 月某日，上午 9 点半左右，位置在 6+480 公里桥南头，面向大港站方向。

对这张胶济铁路大修"竣工"合影的考证并没有结束，笔者从合影中找到了时任胶济铁路管理局工务处处长萨福均、工务第一总段正工程司邓益光、工务处产业课课长崔肇光、机务处车辆课课长程孝刚、工务第一总段工务员郭鸿文等，限于篇幅不再赘述。

1925 年 6 月的那一天

让我们再回到 1925 年 6 月的那一天。随着胶州湾畔气温的逐渐提升，胶济铁路大修中第一批钢梁桥更换工程也接近尾声。

胶济铁路管理局的全体职员忘不了 1923 年的那个除夕之夜，距离胶济铁路从日本手中正式接收刚刚过去一个半月，大家都还沉浸在路权接收和节日喜庆的氛围中，一起发生在云河上的铁路桥断车翻事故，给所有人头上浇了一盆冷水，更让交出路权的日本人看了一个大笑话。

此前，北洋政府交通部为了 1923 年 1 月胶济铁路路权的按期交接和此后的顺利过渡，从粤汉、川汉、津浦、京奉、京汉等路调来大批铁路专业人才，其中不乏留学欧美的精英才俊，难道中国人真的就管理不好一条胶济铁路吗？痛定思痛之后，开始了为国人争口气的胶济铁路大修。

胶济铁路管理局派出技术人员在沿线进行了详细考察勘测，特别是 1800 多座铁路桥梁，发现大多隐患重重，不堪重负。其中有德国初建时的设计问题，

1925 年 6 月胶济铁路大沽河桥竣工通车

1925 年胶济铁路大修大沽河上流桥合影

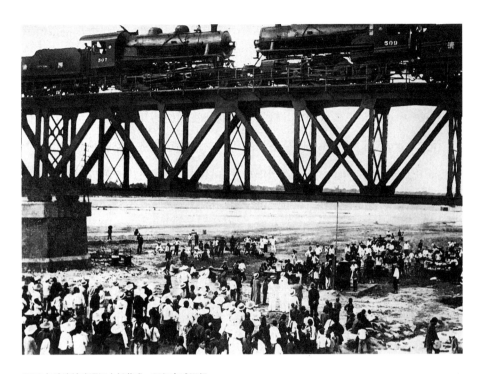

1936年胶济铁路淄河大桥落成，双机车试运行

更有日本侵占后疏于维护，超负荷使用的原因。专家们经过多次论证，最终于1923年秋，形成胶济铁路大修报告，呈送交通部批准。报告建议将胶济铁路干线所有桥梁一律更换，都按照古柏氏五十级载重设计，预估费用约四百万元，计划五年内陆续完成。

1924年春，胶济铁路大修更换桥梁工程首先启动。由于钢梁桥构件需要从欧洲招标订购，当年只更换了钢筋混凝土桥或拱桥计十五座。

1925年2月，德商博克威终于将胶济铁路大修所需第一批和第二批钢桥构件交付。胶济铁路工务处等部门，当月就组织技术和施工力量，首先更换大沽河、密水川及大沽河上流等处桥梁。经过整整一个春天的紧张施工，6月夏汛来临之前，第一批大大小小五座钢梁桥终于竣工。为此，位于青岛的胶济铁路管理局，向工务处、材料处、机务处、车务处、警务处等相关处室，以及德方桥梁制造厂家发出了派人验竣的通知。

这一天，从上午9点开始，接到胶济铁路管理局通知的各处人员和厂家代表，陆陆续续地来到了6+480公里铁路桥，这座桥是胶济铁路首批修竣钢桥中距离管理局最近的一座，紧挨着当年与胶济铁路配套建设投产的四方机厂。机务处特意从四方机厂调来一辆蒸汽机车停在桥头。这座并不宽敞的铁桥上一下子涌来50多人，热闹异常。随着镜头的开闭，一张胶济铁路大修第一批钢梁桥竣工合影由此定格。

随后，工务处处长萨福均带着16名工务技术人员，乘车沿胶济铁路继续勘验竣工的大沽河、密水川和大沽河上流等处桥梁，胶济铁路长达10年的桥梁和线路大修工程由此全面展开。

到青岛避暑去

青岛，旧称胶澳，地处黄海腹心，北绾京津，东航日韩，司山东贸易之出入，握其冬无严寒，夏无酷暑的气候条件成为中外知名旅游胜地。

青青之岛

青岛旅游景点众多，20世纪30年代市民公认的就有"青岛十景""崂山十二景"等。作为海滨城市，旖旎动人的海水浴场是最具青岛特色的景致。1934年郁达夫写道："恐怕是在东亚，没有一处避暑区能赶得上青岛的。日本的海岸当然也有好的，像明石须磨的一带，都是风光明媚的地方，可是小湾没有青岛的多，而岸线又不及青岛的曲。"再就是遍布市区的城市公园，依山傍海，各具特色，给青岛大为增色。

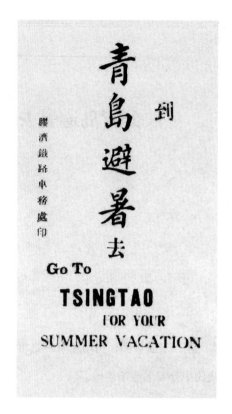

胶济铁路车务处印行的青岛旅行广告

1933年出版的《青岛指南·游览纪要》描述："青岛全市，不啻为一大公园，林木花卉，触目皆是，其开地建筑，标公园之名，以供市民业余游息之需者，市内市外，亦不下十数余处。"以位于太平山的第一公园为例，借山势造景，曲径通幽，层次分明。有水域美其名曰"小西湖"，水源是太平山的山溪，山溪东岸尽植翠竹，湖水上游溪谷，赤松、刺槐等树木繁茂，与"小西湖"搭配颇有江南风韵。有著名的樱花大道，每年四五月游人络绎不绝。后新植海棠、芍药、牡丹与樱花争艳。还有玉兰、桃花等木本花卉，春来望如锦缎。此外，公园内还有瀑布、果园、动物园、茶社、网球场、木球场等，满足了不同游客的旨趣。

1935年，胶济铁路车务处曾经印刷发行过一本青岛旅行的折页广告，封面赫然写着"到青岛避暑去"，令人印象深刻。折页内文介绍道："青岛枕山环海，风景绝佳，有宽阔之海水浴场，有广大之滨海公园，有新式之旅社，有优美之餐馆，有各项运动场，有最新跳舞场，有俱乐部，有图书馆，树木葱郁，花草鲜盛，物价低廉，居住安全，道路宽洁，交通便利，时当夏令，各处已酷暑逼人，青岛则和风习习，中外士女，来此避暑，或结良朋，或伴美眷，或海滨散步，或水边游泳，真不啻登神仙世界也。"

避暑录话

1935 年 7 月 10 日至 8 月 10 日，胶济铁路管理局在青岛承办了以提倡国货为主题的第四届"全国铁路沿线出产货品展览会"，以展馆最多、展品最全、参观者最众，成为青岛开埠以来最大盛事。

展会期间，胶济铁路管理局举办茶会，招待各方与会人员。考虑到铁展会举办时值夏季，作为避暑胜地的青岛，必将会吸引众多中外游客，既可游览消暑，又可购买南北名产，胶济路实行了夏季避暑往返减价票。7 月 1 日至 9 月 30 日，城阳至济南各站发售头二等青岛避暑往返票，按普通票价八折收费，往返期限一个月。凡有北平、天津、上海、杭州、浦口、南京，赴青岛旅客可购买来回游览票，头二等七五折，三等八五折。青岛上海水路往返有招商局普安轮船，每星期二上午 9 时由上海开，星期三午后 2 时到青岛，星期四上午 9 时由青岛开，星期五午后 2 时到上海，船票头等四十元，二等二十元，三等十二元，四等六元，头二等往返九折。青岛市路政也为此增加了市区公交车班次，以利外地游客携妻挈子，前来观展避暑。

洪深、老舍、王统照等 10 多位来青岛的作家、学者，合办了一份文学周刊，取名《避暑录话》，从 7 月 14 日至 9 月 15 日共刊出十期，每期随《青岛民报》发行，大受铁展会期间国内读者欢迎。其中，老舍以在铁展会上购买的檀香扇为由头，联想发挥，写出幽默小品——《檀香扇》，发表在《避暑录话》第五期上。在《避暑录话》第三期《暑避》一文中，老舍为本想避暑，却因频频接待访客而感叹：有福之人，散处四方，夏日炎热，聚于青岛，是谓避暑。无福之人，蛰居一隅，寒暑不侵，死不动窝；幸在青岛，暑气欠猛，随着享福，

青岛海水浴场

青岛水族馆

青岛街景　云志艺术馆藏

是谓暑避。前者是师出有名，堂堂正正，好不威风；后者是歪打正着，马马虎虎，穷混而已。可是，有福者避暑，而暑避矣；无福者暑避，而罪来矣。就拿在下而言，作事于青岛，暑气天然下来，是亦暑避者流也。可是，海岸走走，遇上二三老友，多年不见，理当请吃小馆。避暑者得吃得喝，暑避者几乎破产；面子事儿，朋友的交情，死而不怨，毛病在天。吃小馆而外，更当伴游湛山、崂山等处，汽车呜呜，洋钱铮铮，口袋无底，望洋兴叹。逝者如斯夫，洋钱一去不复返。炮台已看过十八次，明天又是"早八点儿，看看德国的炮台，没错儿！"为德国吹牛，仿佛是精神胜利。海岸不敢再去，闭门家中坐，连苍蝇也进不来，岂但避暑，兼作蛰宿。哼，快信来矣，"祈到站……"继以电报，"代定旅舍……"于是拿起腿来，而车站，而码头，而旅馆，而中国旅行社……昼夜奔忙，慷慨激昂，暑避者大汗满头，或者是五行多水。这还是好的，更有三更半夜，敲门如雷；起来一看，大小三军，来了一旅，俱是知己哥们儿，携老扶幼，怀抱的娃娃足够一桌，行李五十余件。于是天翻地覆，楼梯底下支架木床，书架上横睡娃娃，凉台上搭帐篷，一直闹到天亮，大家都夸青岛真凉快。再加上四届"铁展"，乃更伤心。不去吧，似嫌怯懦；去吧，还能不带皮夹？牙关咬定，仁者有勇，直奔"铁展"，售品所处有"吸钞石"，票子自己会飞。饱载而归，到家细看，一样儿必需的没有，开始悲观。由此看来，暑避之流顶好投海，好在方便。

惬意暑期

到青岛避暑口腹之欲必为先。20 世纪 30 年代，青岛各种价位的中西酒楼、餐馆和旅店遍布街区，青岛大饭店、中央旅社等房间布置均属西式，清洁雅致，可与上海一二等旅社媲美。有不少房间可以看到大海，深夜醒来，能听到大海的呼吸；晌午，拿起浴衣，几分钟后就畅游在大海之中了。如果走进一等菜馆，从五个炒菜的两元席，到"整鲜六色，蜜甘四盘，冷荤四拼大出盘四个，每位手碟，大件高汤官燕一个，大件通天翅子一个，大件清汤银耳一个，大件白扒广肚一个，大件活鱼一尾，代片馎馎，大件烤鸭子一只，大件琥珀莲子一个，大件饭菜一个，炒盘四个，各吃点心二道"的三十元席，随意选择。菜肴口味从京味、津味、苏州菜、豫菜、广东菜、胶州菜、扬州菜无所不包。当时青岛一般公务人员的月薪在四十元至一百元之间，马车夫的最高月薪也仅能挣到三十四元。

青岛崂山一景

　　第一次来青岛，会首先到栈桥边漫步，走过栈桥向西，便拐到了当地人所称的"洋行街"，右侧依次是哈利洋行、德威洋行，左侧是海关事务所与海关仓库，接下来是顺和洋行、礼和洋行、紫普杰克洋行和兴泰公司等商店。喜欢热闹的话，可以去六座海水浴场和当时国内城市比较罕见的电影院、高尔夫球场、跑马场，还可以去众多的歌舞厅、酒吧、咖啡厅、公园、戏院、庙会；喜欢自然风光的话，可以选择"青岛十景""崂山十二景"游玩。爬崂山也无需费力，有多条路线的山轿可供选择，往返时间也规划了半日、一日、两日、三日等游程，景区内食宿更不是问题。以三日游程为例：

第一日：由青岛车行至聚仙宫，再由聚仙宫至流清河，约一小时半。由流清河步行，经梯子石至太清宫，三小时。在太清宫午饭一小时，附近游览一小时。由太清宫登山经上清宫至明霞洞两小时。此日在明霞洞住宿。

第二日：由明霞洞步行经青山向北至太平宫四小时，由太平宫向南至华严寺一小时，在华严寺午饭一小时，由华严寺登白云洞两小时，由白云洞登棋盘石至明道观三小时。当晚在明道观寄宿。

第三日：由明道观登崂顶约两小时。由崂顶而下经靛缸湾、鱼鳞口至蔚竹庵三小时。在蔚竹庵午饭一小时。由蔚竹庵步行经北九水、一水、二水、三水至大崂观，再由大崂观至神清宫约两小时。由大崂观车行经毕塔路，游览华楼宫、月子口回青岛约三小时。

如果有更长的时间，可以选择入住附设天然疗养院的崂山大饭店。到达青岛后可委托青岛中国旅行社，代雇汽车送往山上，或者提早通知到青岛日期、船名和车次，饭店汽车可直接到码头和车站迎接，住满月车资免收。在饭店可以享受到冷热自来水、儿童游戏场、花园、球场、游泳池、西式餐饮。饭店门前特备汽车一辆，每日往返青岛崂山间兼接送旅客采办物品。住在这所位于崂山核心区域的饭店，气候清爽、冬暖夏凉；众山环绕、风景秀丽；面朝胶州湾，海洋、风帆、孤岛等风景俱在眼前。

沈教授考察胶济线

在胶济铁路博物馆三楼专题展厅，有一件不起眼的藏品——《参观津浦胶济两路后之感想及意见》，是一份 1936 年 9 月撰写的考察报告，署名是交通大学管理学院教授沈奏廷。沈奏廷是谁？他来津浦胶济铁路参观考察的目的是什么？最后在这份考察报告中又写了些什么呢？笔者通过该份考察报告记录的内容，结合同期相关史料，尝试着复原 80 多年前的那个暑假……

沈奏廷其人

在南京开往济南的津浦路客车上，有一位学者模样的年轻人，不时眺望着窗外华北平原上的远山和田地，他就是上海交通大学管理学院副教授沈奏廷。这次应津浦、胶济两路邀请北上考察。从上海出发，在南京转津浦线，在津浦

民國二十五年九月

參觀津浦膠濟兩路後之感想及意見

交通大學管理學院教授沈奏廷撰

1936 年沈奏廷撰写的《参观津浦胶济两路后之感想及意见》之封面

路管理局专员的陪同下一路实地观察、访谈、记录，正要前往津浦胶济两条铁路的交会点——济南。

虽然这位沈教授年仅 32 岁，此前仅担任京沪、沪杭甬铁路上海营业所经理，今年刚刚任上海交通大学副教授，但凭借对铁路运输领域一贯的务实钻研精神和取得的成绩，在业界备受瞩目的。

沈奏廷 1904 年 11 月 17 日出生于浙江省余杭县，自幼聪明好学，7 岁时父亲去世，家境清苦，母亲靠借贷供他上学。1924 年考取上海交通大学铁路管理科，1928 年毕业时以 4 年成绩总平均 93 的高分名列全班第一。毕业后到上海市社会局任科员，发表《百年来银价的统计与分析》一文，受到上海市工商界的重视。1929 年 12 月，由铁道部派往美国学习，开始在美国宾夕法尼亚大学研究院攻读，并在美国宾夕法尼亚铁路公司实习。不久，他感到研究院的学习内容比较空泛，而且与铁路现场脱节，因此放弃了攻读高层次学位的良机，一心扑在铁路运输现场和财务会计部门，细致入微地观察、摘记、

沈奏廷，时任上海交通大学管理学院教授

访谈、研讨，取得了很大收获。1932 年 1 月回国，到京沪、沪杭甬铁路实习，后任上海营业所经理。不久辞职改任南京国民政府全国经济委员会专员，从事有关交通方面的调研工作。他回国之初，就一直在母校上海交大兼任教职，讲授铁路货运业务、铁路运价、铁路行车等课程。1936 年他专任上海交通大学副教授。

列车到达津浦铁路济南站，胶济铁路管理局派专人到站台迎接，并在胶济铁路饭店设宴接风。随后的几天，车务课课长全程陪同考察，胶路各处司段全力支持，沈奏廷边参观、边考察，一路东行达到青岛。抵达青岛后，胶济铁路管理委员会委员长葛光庭多次与沈奏廷讨论交流铁路运输事务。葛光庭谈道：去年本路一直忙于第四届"铁展会"，计划会后邀请沈教授专程来胶路考察献策，因沈教授教务繁忙未能成行，遗憾之至。沈奏廷答复：此前胶路与之接洽，提到了运营中出现的一些问题。但此类问题非胶路能独解，需在胶济、津浦两

路一并予以实地详尽考察调研，方可制定周全有效的解决方案。当时教务确实繁忙，极难脱身，遂提出利用今年暑假之暇，到两路考察，承蒙两路同仁关照备至，特致感谢！

浮出水面的记录

在青岛的考察中，一份去年召开的胶济铁路商运改进讨论会的记录引起了沈奏廷的注意。1935 年暑期，第四届"全国铁路沿线出产货品展览会"由胶济铁路在青岛承办。为了达到以展览促商贸、以商家促运输的目的，在筹备铁

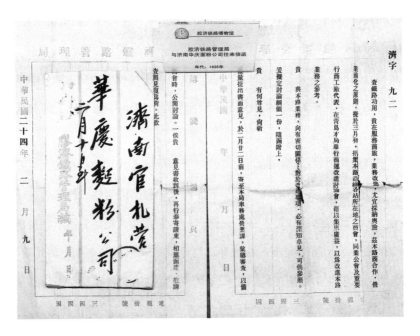

胶济铁路管理局与华庆面粉公司信函正文

展会的同时，邀请沿线中外工商业代表，围绕胶济线如何改进商运广泛征求意见和建议。邀请函是这样写的：

> 查铁路功用，贵在服务商旅，业务改进，尤以采纳舆论。兹本路商合作，营业商化之原则，拟于三月初，召集本路沿线各站所在地之商会、同业公会及重要行商工厂代表，在青岛本局举行商运改进讨论会，借以集思广益，

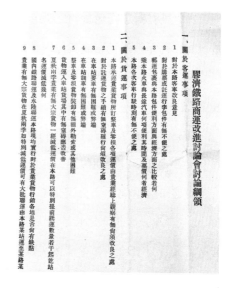

随函附件《胶济铁路商运改进讨论会讨论纲领》

> 以为改进本路业务之参考。贵方与本路业务，向有密切关系，对于改进事项，必有深知灼见，可供参照，兹拟定讨论纲领一份，随函附上，有何高见，尚祈尽量提出书面意见，于二月廿二日前，寄至本局车务处营业课汇总审查，以备开会时公开讨论，一候贵意见收到后，再行奉寄请柬，相应函达，敬请查照见复为荷。

随函附的《胶济铁路商运改进讨论会讨论纲领》中，客运部分包括5项：对于本路客车改良意见；对于购票或托运行李包件有无不便之处；邮运包裹与本路包件便利方面与经济方面之比较若何；乘本路火车与长途汽车何项便利，其时间及票价何者经济；本路各次客车行驶时刻有无不便之处。货运部分包括18项，涉及运价、托运手续、调车、装卸、搬运、捐税、货物分类表、有无敲诈勒索等项目。比如，本路承运贵业货物所订整车及零担各项运价，有无尚

须改进之处；对于托运货物之手续，有无窒碍难行尚须改良之处；整车及零担货运装卸有无额外勒索或其他困难，货物运入车站货场有无窒碍应否改善；现行货物分等表对于贵业有关各货品有无比较失去平衡或公允之处，并请详示不妥之理由。

1935 年 3 月 6 日上午 10 时，胶济铁路商运改进讨论会在胶济铁路管理委员会大礼堂开幕，会期两天，与会代表对胶济铁路商运改进提出了意见。

青岛市运输同业公会提交了"对胶济铁路商运改进会之意见书"。意见书提出："整车及零担车之装卸尚无额外勒索，惟零担车装卸货物不足百公斤者，皆按百公斤计算收费，务请按实数计算，以恤商等之损失"。此外，还提出了涉及装卸时间、收费、旧篷布更换等七条改进意见。比如，货物车上所用之旧篷布经年使用，多有残破，遇有大雨时行之际，唯恐渗漏于货，损失颇大，务请添换以利商者。再如，苦力装卸车时，不问何货即用手钩提取，如纸、糖等货恒为损残，诸如此类损失颇大。除棉纱及木箱不怕用手钩外，其他各货务请取缔，以免货物损失。

济南市粮业公会提出：

查敝业协泰福等二家向有津浦路岔道直达院内，胶济路德人管理时代，二路不分界域，均能倒送货车，后自我国收回国有，胶济所来之货车，竟至今不能倒送车辆，不惟商等蒙重大损失，即路局亦少得倒车费，以后请准予倒入本厂装卸。

华庆、宝丰公司提出：

本公司设有津浦铁路道岔，直达厂内，原为便利装卸起见。而津胶两路实行联运以来，胶济路上车辆，依然不能调入厂内装卸，故出入货物每以阴雨阻碍，小车搬运既感脚力负担过重，又感运输不便困难，窃以两路既属联运，事实上同属一线，在津路所予之特有权，自应运及胶路全线，于理似无不合，特此提出意见，恳请胶路准予过轨，调入厂内装卸，以便商运为感。

......

完成此次考察前，沈奏廷特意让人把这份材料给他复制了一份。

深以为然的意见

1936 年 9 月，沈奏廷撰写的一份考察报告送到了葛光庭的办公桌上，葛光庭戴上花镜，拿起报告，翻看起来。报告的题目是《参观津浦胶济两路后之感想及意见》，在引言中写道：

民国二十五年夏，奏乘暑期之暇，分赴津浦胶济两路参观，备承两路车务处当局恳切招待，并荷各主管人员殷勤指导，良用感纫。此次参观之目的，物以货运及行车两项为主，对于其他车务事项，亦于便中加以注意；虽为时甚暂，所得有限，然见闻所及，亦颇有足资商讨之处，爰不揣冒昧，略贡刍荛，一得之愚，或亦足供参考也。

吾国铁路运输年来颇多改进，惟旧习相沿，缺陷仍多，有由于设备之

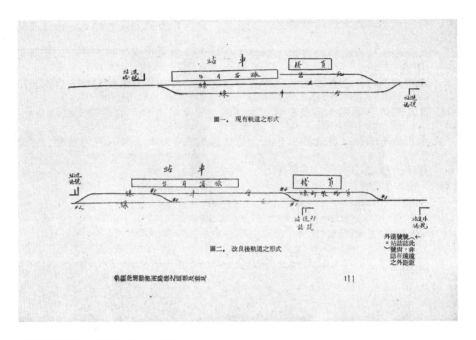

沈奏廷在考察报告中所绘改良轨道示意图

不善者，有由于制度之不良者，应兴应革，经纬万端，决非一人所能尽见，尤非短时期内所能察觉，是以吾之所见仅如沧海中之一粟，其为吾所不能见不及见者恐必数倍或数十倍于此也。

今吾所欲言者以应兴应革之事为限，对于每一事项均先之以批评，继之以建议，无不以原则为根据，以事实为基础，而丝毫无对人之意。此则当为读者所共见，而无须作者之多言者也，况现今吾国铁路当局类多有识之士，对于吾之批评建议，当不至视为河汉而能予以同情也。

吾常谓铁路管理方法，无问中外，均应大同而小异，故先进国铁路之方法经多年之实验而来者，吾国铁路应尽量加以变通而采用之，仿效之，而后事半功倍，收效乃宏；否则故步自封，对于一切先进国之良法善策，均斥为不合国情，不愿加以研究试验，则非特进步綦难，抑且不免于暗中摸索自求痛苦而已。此吾之所以常取他国铁路之制度原则作印证也。且吾所建议各点，类多平易近人，绝非骛远之论，如实际上仍有困难，深望当局者能设法有以解除之，或减少之，勿因噎而废食，削足以就履，则路事始有可为也，兹仅就所见，逐一讨论之……

随后在报告中逐一列举了十二类问题，包括：整车货场之设计、零担货栈之设计、货运调车场兴正线之联络、整车货物之处理方法、零担货物之处理方法、零担货物之中转、货物列车之编组、沿线各站之死岔、号志设备、到达货物之保管、济南站私有岔道装卸联运货物、浦口站京沪货车供给。

针对去年胶济铁路商运改进讨论会上，济南市粮业公会和华庆、宝丰公司提出的意见，报告中还引为事例加以阐述，认为：

上项提案，至今未见实行，考其原因约有两端：（一）津浦路虽可收调车费，但须出车租及延期费，不能合算；（二）实行私岔装卸后，原由津浦路运送之货或将取道胶济铁路及沿海航路（水陆联运），对于津浦诸多不利。由此可见此案之症结在津浦而不在胶济，亦足见吾国铁路此疆彼界之深矣。

窃以为铁路设置私岔，原为便利客商起见，今以路方内部之争，而置客商便利于不顾，殊不能视为事理之平。况私岔在甲路而货物须行经乙路者，在先进国之铁路屡见不鲜，均莫不准其在私岔装卸，互相调送车辆，是谓 terminal switching（枢纽内调车），吾国铁路同属国有国营，尤应有此种互助合作之办法，以达便利客商之目的也。至于上述两项之困难，自亦应加以注意，仅陈管见，申述于后……

葛光庭看罢，思索良久，深以为然！

迎着曙光向前

1949 年，华东局支前委员会特制颁发了一枚纪念章，上面镌刻着"华东支前抢修铁路纪念章"，下方刻绘有满载军事物资隆隆向前方开进的列车图案。如今，这枚纪念章就展示在胶济铁路博物馆"迈向新时代"展厅中，见证着胶济、津浦铁路浴火重生，迎接曙光的岁月。

如火如荼的地下斗争

济南解放前夕，国民党津浦铁路管理局一方面想方设法裁减工人，另一方面企图用欺骗的手段将胶济铁路工人连同大量机车、车辆、机器设备等跟随国民党军队调运到南方。

在抗日战争焦灼的艰难岁月，中共地下党组织克服重重困难，深入到津浦铁路沿线的铁路工人中发展党员、成立组织，破坏敌人的生产运输。在抗战胜利前夕，相继成立了浦镇机厂党支部、津浦（南段）铁路工委、津浦（中段）铁路工委、济（南）泰（安）铁路工委、济南铁路大厂党支部、济南机务段党支部、济南桥梁工程段党支部等组织。

1947年6月24日，国民党津浦区铁路管理局提出七项紧缩办法，其中有五项涉及裁减工人。一是符合退休条件的人员强制退休。二是冒名顶替者当即开除。三是所有临时工一律解雇。四是各处室只留必需办公人员，撤退机构只能留少数人保管文卷。五是员工只得在下列各条中自选一条：甲条是调往浙赣、粤汉两路，或自在他路接洽工作，但至八月份尚未获得结果者，一律发给半薪；乙条是自愿留资另谋生活者，支领半薪或一次领取八、九、十这三个月的维持费；丙条是对于上列办法如属均不志愿仍欲留局者，每月薪俸，候有经费时才能发给。6月27日，又以津济人字第6115号局令正式发布五项裁员减薪办法，限济南地区铁路员工在7月5日前，填报志愿书报局审核。五项办法规定：立即辞退所有临时工；各单位不得任用新人；凡到退休年龄的一律办理退休；发给3个月的工薪自谋职业，调南方铁路服务等。这些办法如果实行，铁路局3万多职员将面临失业。

6115号局令一发布，立刻在津浦区铁路管理局各单位引发了连锁反应，心急如焚的铁路工人们自发互相串联，商讨对付裁员减薪的办法，中共济南铁路的地下党也积极向上级党组织汇报这一情况。鲁西工委和渤海区党委济南工委研判各方面情况后，对地下党如何领导铁路工人反裁员减薪斗争作了研究部署，指示地下党员利用铁路员工反裁员减薪的激昂情绪，保护群众切身利益，开展大规模反裁员减薪斗争；但只能秘密串联，党员不要公开出面，以免暴露身份；尽量利用黄色工会的干事、小组长们公开出面，又要避免发生流血事件，要吸取南京"五·二血案"的教训。工委这些意见向区党委报告后，区党委复信表示同意工委的部署。

7月4日，是路局规定的裁员点验服务证最后一天。各单位的铁路工人要携带服务证，到国民党津浦区铁路管理局第一大楼进行集中检查、核检证件，以便进行紧缩和裁减工作。工人们组织纠察队，借核检证件的时机开展请愿斗争。4日10时左右，聚集的1000余名铁路工人推选出6位代表进行请愿，要求发给三年的工资作为遣散费。中午，铁路工人与国民党铁路管理人员发生冲突，工人用砖石打碎门窗玻璃，警察开枪射击，赤手空拳的工人同持枪射击的警察进行英勇搏斗。在这场激烈的斗争中，铁路工人夺得四支步枪和一支手枪，总务处和护局警所的部分人员被工人打倒，许多工人被警察打伤。这就是"七四"反紧缩反裁员事件。参加这次斗争的主要是济南车务段、济南检车段的工人。济南机务段和济南铁路大厂工人得到信息后举行罢工，准备前往参加，但被特务和警务段阻止。在这次斗争中，地下党组织发挥了宣传鼓动的作用。

"七四"事件发生后，局长陈舜耕致电国民党交通部长请求辞职。7月19日，国民党交通部派员到济南宣布六项办法：除必须留用及调浦充段工作员工外，其现无工作之员工调湘、桂、黔、浙、赣、陇海等路任用；其不愿赴者，为体恤起见可发给三个月之遣散费；因交通关系在未到达调用地点前，仍由津浦路照原薪津发给；赴调之时如留住原地的眷属生活困难，得斟酌其家庭情况，由津浦路预借半月至一月薪费；调用后由津浦路速给交通工具，或请军队护送通过战区；此次滋事员工查明依法办理。

交通部宣布六项办法后，南调了一部分工人，并开除了3名反裁员斗争的骨干人员。"七四"事件和反裁员斗争提高了铁路工人的觉悟，迫使停止裁员，在一定程度上保护了铁路职工的权利。

胶济铁路博物馆展出的"华东支前抢修铁路纪念章"

　　1947年5月，胶济铁路东段300余名工人，调集组成济兖段抢修队，坐船经浦口到兖州，对津浦铁路兖州到济南区段进行抢修。开始，国民党欺骗工人说，抢修工作三个月即可结束，工人即可回家。到1948年5月，不但不允许工人返回，反而制造谣言说"共产党最恨修路的工人，抓着就杀"，企图将工人继续向南调遣。中共地下党组织及时在工人中进行教育，向工人揭露国民党的谣言，秘密宣传党的政策，开展反南迁斗争。300多名铁路工人冲破国民党的阻挠，克服种种困难撤回青岛。济南的铁路工人切断南迁通路，工人不走，物资不运，使国民党的南迁企图未能得逞。

为了新中国，前进！

1948 年济南解放前后，中共地下党组织不仅领导铁路工人积极开展护厂护路活动，还响应"解放军打到哪里，铁路就修到哪里，物资就运到哪里"的号召，积极开展支前立功生产竞赛，日夜抢修在战争中损毁的铁路，全力保障解放军南下的支前物资运输。针对抢修铁路工作中缺乏器材的难题，充分发动大家献铁路器材、搜铁道路料。济南站 200 多名职工主动把库存的铁路器材和个人物品献交归公，献纳器材 139 种 709 件。抗日战争和解放战争中破路时埋藏起来的大批铁路器材，也被铁路工人和沿线群众收集捐献出来用于抢修铁路。在广泛收集铁路器材的同时，铁路工人自己动手制造铁路器材，没有道钉自己打，没有夹板自己制，和沿线农民一起筹集木料，赶制枕木，保证了抢修、抢通工作的顺利进行。1949 年元旦，胶济铁路济南到坊子段、津浦铁路济南到徐州段率先抢修通车。津浦铁路天津至德州、德州至济南两段路线，也先后于 1949 年 3 月 21 日和 24 日接轨，至此，津浦线北段完全接通。

1949 年 1 月 18 日，国民党军队逃离蚌埠时将淮河铁路大桥炸毁，津浦铁路中断。为解决大批部队南进和军用物资运输，急需抢修淮河铁桥，支援解放大军渡江作战。华东支前委员会和安徽省蚌埠市军管会的同志经过勘察分析，认为淮河铁路大桥破坏严重，立即修复的困难很大，决定在原桥西侧先修建一座木便桥。同年 5 月 1 日，木便桥开始动工修建，部队指战员在广大铁路职工和民工的配合下，进行了两个月的艰苦奋战，一座长 500.38 米的木便桥于 6 月 30 日建成。7 月，时任铁道部部长的滕代远为抢修通车的淮河铁路特大桥剪彩。大批作战部队和战略物资通过木便桥源源不断地运往前线，大量伤病员

1949年7月，时任铁道部部长的滕代远为抢修通车的淮河铁路特大桥剪彩

也通过铁路迅速转入后方医院治疗。

在淮海战役中，后勤运输成为决定战争胜利的关键。据《淮海战役史》记载：淮海战役期间，铁路工人和民工积极抢修铁路，共抢修68座铁路桥梁、228座涵洞，修复铁路共计110公里，铁路对支前运输发挥了重要作用，为淮海战役取得最后胜利作出了贡献。在抢修陇海铁路东段时，桥梁抢修队仅用20天时间就修复大小桥梁24座。徐州附近的茅村铁桥被国民党军队破坏八孔，需重建桥座。当时正值数九严寒，桥下水深2米至6米，水中作业十分困难，原计划最快也要半个月才能修好。但广大铁路工人破冰下水，奋不顾身地日夜抢修，仅三天半就恢复了通车，大批作战物资通过此桥运往前线。临城火车站的铁路工人以及铁路两侧村庄的群众，自带工具和干粮，昼夜抢修被炸得七零八落的

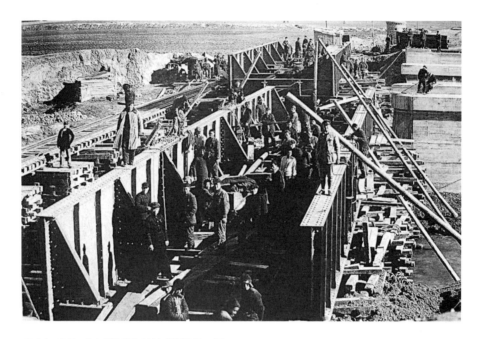

1949 年 12 月，修复胶济铁路大沽河桥梁的施工现场

铁道。临城至韩庄的铁路仅用 8 天的时间就抢修通车，有力地支援了淮海战役。

激情燃烧的岁月

新中国成立初期，百废待兴，济南铁路管理局管界北起德州，南到南京、芜湖附近。局管内的线路车站、线路桥梁、机车车辆损毁严重，当时济南火车站只通"三店"，分别是桑梓店、炒米店、郭店，运行半径不超过 20 公里。1949 年 6 月 2 日，青岛解放。解放当天，中国人民解放军青岛军事管制委员会铁道部成立。青岛军管会铁道部接管铁路青岛办事处及各段站，积极开展铁

1984年胶济铁路复线建设现场

路抢修工作，不到一个月时间，就完成了青岛至坊子间损毁铁路的修复工作。7月1日，胶济铁路全线通车，1536号机车由青岛开往济南。7月9日，在济南召开全局支前立功竞赛庆功大会，表彰奖励支前立功竞赛功臣365名，其中特等功臣4人，一等功臣73人，二等功臣202人。

1949年10月1日，新中国成立。当天，济南铁路管理局的《职工报》上刊登了兖州、坊子两个机务段发出挑战书，青岛机务段迎战的报道。铁路工作重点已经从为解放战争提供支前保障，转移到社会主义建设上来，津浦和胶济两条铁路迎来新生，开始迈入崭新的历史发展阶段。

新中国成立之后到21世纪初，胶济、津浦铁路作为济南局的重要运输通道，经过铺设复线，建设枢纽，改革运输组织，改进经营管理等一系列举措，

2018 年 12 月 26 日，济青高铁开通运营，济南至青岛间形成了"三条铁路、六线并行"的胶济通道（姜爱勇摄）

运输服务综合能力得到较大提升。特别是改革开放后，管理体制和经营机制进一步创新，持续不断支持着地方经济和社会发展，在社会主义建设和改革开放的进程中谱写着新的篇章。经过一百多年的探索前进，山东境内的重要铁路干线在 21 世纪初逐步实现了轨道结构重型化、安全技术装备现代化、信息传输电子化、旅客运输快速化和货物运输重载化，为中国高铁发展积蓄着力量，阔步走向新时代。

回到胶济零公里

2016 年和 2021 年，位于胶济铁路两端的胶济铁路博物馆和胶济铁路青岛博物馆相继建成，历时五年，恰恰与 120 年前胶济铁路从青岛修建至济南的时间相同。笔者有幸作为两座胶济铁路博物馆筹建策划组成员，深感"回到胶济零公里"的意义，是回溯济南局集团的发轫之地，是寻找承载全局职工历史文化心脉的精神家园。而一件件藏品恰恰是承载着一个个历史片段的重要物证，背后还有着一段段鲜为人知的故事……

从一件胶济铁路旧物入馆说起

胶济铁路博物馆在济南、青岛建设期间，征集到各类藏品 4000 多件，有历经百年的德国钢枕、英国磅线；有见证屈辱的日本画册、胶济史料；有经历战火硝烟的胸章军毯、马鞍包；有激情岁月的磁石电话、臂板信号；有世界领先的动车配件、高铁产品；还有辗转寻觅，失而复得的济南站大钟残件……其中，有一块抗战时期日伪"华北交通株式会社"的井盖，入馆前一直静静地躺在济南火车站站前街闹市的马路上70多年，似乎就等待着被胶济铁路博物馆发现，找到它最终的安身之所。

2015年秋末冬初，胶济铁路博物馆拓展工作已经将近一年时间了，工程策划组也由于展区施工，把办公地点临时搬到了济南火车站出站口附近的济南铁路局档案馆，火车站西面的站前街成了策划组人员上下班和中午吃饭的必经之路。一天清晨，我像往常一样，在铁路局西院停好车，步行去档案馆上班。一道晨光恰好从车站广场东侧照射过来，在泉城宾馆门前狭窄的行人道上，一个圆形的图案在我的眼前一下"蹦"了出来，忽闪而过，但却深深地印入我的脑海。我不由自主地停下了脚步，是一块看似普通的铸铁井盖。井盖表面没有一个文字，都是布满圆圈的图案，但井盖中心是一个大圆圈，并从边缘延伸出了几条长短不一的"横杠"，已经被来往的行人踩得非常光滑，在早晨太阳的照射下泛着银光。我感觉这个图案好像从哪里看见过，心里一阵激动，掏出手机拍下照片，疾步向档案馆走去。

到了办公室，第一件事情就是打开电脑，找到早就存在文件夹里的"中国各时期铁路徽"查证。很快，眼前又是一亮，井盖上的图案与日本侵华时期成立的"华北交通株式会社"徽记极其相似。

七七事变不久，日本控制了华北铁路，在北平成立了"南满洲铁道株式会社北支铁道事务局"，下辖事务所。1938年6月，"北支铁道事务局"进而成立北平、天津、张家口、济南四个事务所。1939年4月，日伪变更交通经营体制，改设"华北交通株式会社"，统管华北铁路、公路和水路，下辖新改制的 8 个铁路局，"济南铁路局"是其中之一，也是首次出现这一名称，其所使用的徽标为"疾驶的车轮图案"，两个同心圆右上角分别有 5 道逐渐变短的"横杠"。

果真如此的话，那这个井盖就不寻常了。70 多年前的井盖可能还被使用吗？是不是中心那个圆圈边缘长短不一的"横杠"是由于外力划上的呢？我不敢贸然作出决断，他又放大手机拍摄的照片认真观察。井盖圆圈边缘的"横杠"一共有五条，分布均匀，长短依次递减，如果是后来外力划伤，不可能这样均匀。为进一步验证自己的考证，我又把井盖照片交给一起参与策划工作的专家共同考证，也得出了相同的结论，更为当时正在设计陈展内容的第三展区提供了实物佐证。

这个消息使大家惊喜之余，受到很大鼓舞。此后的 10 多天，工程策划组、展品征集组的工作人员在火车站周围都是低着头走路，期待还能发现这种日伪井盖。中午休息的时间，大家毫无睡意，走遍了火车站周围偏僻老街的边边角角，但一无所获。直到有一天，我跑到展品征集组，神秘地对正准备睡午觉的同伴们说："我又发现了一个"。几个人来到火车站出站口西侧的站前街，就在距离发现第一个井盖不远的马路中间，我指着一个还看不清图案的井盖说，"就是那个"。大家避开川流不息的车流走近一看，果不其然，又一个日伪井盖出现了，而且外观比第一个还好。随后，我们在路中间继续往南寻找，没想到不过 20 米的地方，又发现了 2 个。在偏僻角落搜寻不到的井盖，竟然都出现在车流不息的繁华路面上，而且一共发现了 4 个，这种结果让大家唏嘘不已。

大家像打了一次大胜仗似的返回档案馆，将这个有些"传奇"色彩的事情向领导进行了汇报。最终，这几个隐藏在闹市中的日伪井盖，更换后被妥善送

日伪"华北交通株式会社"的井盖

至胶济铁路博物馆。

这几个日伪井盖能够现形、入馆，与其说是"巧遇"，不如说是得益于"机缘"。如果没有胶济铁路博物馆拓展工程，井盖即使被发现了也无安身之处；如果第一个井盖不是在行人道，而是和其他三个一样在快车道中间，那被发现的概率微乎其微；如果不是有相关知识储备的人恰巧路过反光的井盖，那么它至今仍是一块普通的井盖。

让更多的铁路老物件走入公众视野

铁路文物是记录铁路历史发展的重要载体。中国铁路经过 100 多年的发展已经步入高铁时代，面向未来的同时，许多珍贵的铁路文物正在快速消逝，亟待有效地抢救与保护。建设博物馆征集铁路展品的过程，也是对广大铁路职工进行铁路文物保护的宣传教育的过程，还是对散落在各个站段班组和职工个人手中的，不同时期铁路实物的一次普查统计过程。在广泛宣传的基础上，还要给大家普及哪些铁路老物件是有历史价值的。征集过程并不是一帆风顺的，物品持有人都有不同的认识和想法，很多情况下需要多次登门拜访，耐心细致地做工作。有些早期的重要物品，已经不是简单地从职工中动员发动就能征集来的；有些极具历史价值的物品就在眼前，却可能被错过。

良好的征集方案是定心丸。在文物征集过程中，有的职工会有顾虑，有的觉得自己老一辈留下的东西捐出去不好，有的担心自己看着一般的东西也许价格不菲，还有的真不愿意忍痛割爱。为此，可以设置多种征集方式：一是接受捐赠，物品持有人自愿将其藏品无偿捐赠给铁路博物馆，经专家鉴定后，对捐赠人颁发捐赠证书；二是购买，物品持有人自愿将其藏品所有权转让给铁路博物馆，由专家进行鉴定和价值评估后，以公允的价格予以收购；三是借展，物品持有人将其藏品在双方商定时间段暂借铁路博物馆展出，双方签订借展协议，博物馆负责藏品的安全维护。

该出手时就出手。虽然铁路历史只有短短 100 多年，但和铁路相关的早期文物已经存世稀少、弥足珍贵，除了铁路博物馆，大多都收藏在民间。为此，还要积极通过专家机构、网络平台搜寻那些见证了铁路百年发展的物品。比如在胶济铁路博物馆的建设过程中，陆续购得德国地理学家、地质学家李希霍芬巨著《中国》全套五卷，该书首次标注了设想中的胶济铁路。1914年日本为纪念日德战争胜利出版的《日独战役写真帖》，再现了日德青岛之战的全过程。此外，还有100多年前的德国宝星牌落地钟、狮子头军刀、德华学堂课本、中国铁路全图等。但也有一些由于收购价格、付款周期等原因，未能成为像山东铁路公司年鉴、胶济铁路早期影集、铁路邮政专题邮集等的珍贵藏品。

　　机会给有准备的人。有句话是这么说的："世界上并不缺少美，而是缺少发现美的眼睛。"这句话用在展品征集工作中也很贴切，有些重要的铁路文物就在大家的眼前和身边，等待着被发现，这就需要我们掌握较多的铁路历史的相关知识。比如建馆中发现的胶济铁路早期钢枕钢轨、济南站大钟表盘、大港

胶济怀表和《胶济铁路职员录》

上游 0616 号蒸汽机车

站三面钟。在"迈向新时代"展区，由济南铁路局及部分所属单位早期的 100
多个图章印模组成了新中国"路徽"标志，这些图章是从路局档案馆早期文件
资料中"翻箱倒柜"一个个提取出来的，反映出新中国成立后济南铁路局机构
沿革、管辖范围的演变过程。

热心人和细心人。在展品征集过程中，热心人和细心人的作用也相当重
要。热心人会不辞辛劳，挨家挨户主动走访老同志，会耐心细致地给老同志做
工作，极力争取老同志的理解和配合，用一颗诚心换来久藏深闺几十年的宝贝
并展现在大家面前。细心人会从一处处不起眼的地方发现宝贝。比如在路局档

胶济铁路博物馆"风雨沧桑路"展厅

胶济铁路青岛博物馆"高铁时代"展厅

案馆发现了 1950 年华东区第三野战军布告、济南铁路管理局 50 年代初的布质胸章；在原胶济铁路济南站这座百年建筑内的阁楼和地板缝中，还发现了三枚民国时期的铁路徽章、20 世纪初的暖气片、德国山东铁路公司的配电盒铜牌、20 世纪 30—40 年代日军改做木地板使用的军粮包装箱、日伪"淮河铁桥修建完成"中文宣传单、奉天站发货签、龙口到济南运鱼包裹单等。

征集过程中的认识误区。刚才说的都是铁路展品征集过程中的一些注意事项，着眼点都是物品本身。大家也许正纠结于什么样的是文物？这件物品的经济价值大吗？历史价值大吗？老同志们愿意捐赠或者借展吗？有这些想法的同志们没有错，但不全面，我认为要从仅仅关注物品本身跳出来，要看到现在努力征集的是"中国铁路发展的岁月痕迹"，要展示给更多人的是"一代代济铁人的忘我情怀"。笔者认为征集工作中需要注意以下几点：一是物品的历史价值要远远大于经济价值，中国铁路不过 100 多年的历史，真正具有可观经济价值的文物其实并不多，但一些不起眼、不值钱的小物件，比如工作记录本、纪念证书，甚至一张老照片，却往往能记录下许多真实的历史细节，能复原出鲜为人知的历史场景。二是个人一宗物品要胜过单件物品，我们许多老同志亲身经历了济南铁路局几十年的发展，亲眼见证了济南铁路局激情燃烧的岁月，用一件件物品串联起来的个人经历、荣誉奖励、深藏记忆、感人故事，都比单件文物具有更大的历史价值。三是视频、音频的无形价值万万不可轻视，收集到再多的文物，它们本身也不会说话，需要到浩如烟海的历史文献中去考证，而物品的所有人却能留下文物背后的生动故事，所以在征集过程中，一定要尽可能地录像、录音，做好原始资料的记录整理工作，比起征集到的物品，这些更是无法复制的。

第四篇

胶济之变

胶济铁路管理机构沿革

胶济铁路东起青岛，西至济南，1899 年始建，1904 年全线通车，是山东第一条铁路。从修筑开始的 40 年时间里，胶济铁路先后经历了德日殖民背景下的公司管理、军事管制，中国接收后作为国有铁路分线设局，至日本全面侵华后改为分区设局，结束胶济铁路独立管理的模式。

山东铁路公司

1897 年 11 月 14 日德军借口"巨野教案"占领胶州湾，实现了德国长期以来要在中国沿海建立据点的企图。1898 年 3 月 6 日德国武力逼迫清廷与之签订《胶澳租借条约》，获得了胶济铁路的修建权和沿线采矿权。但在 1898 年 1 月 17 日，中德谈判尚在进行中，德国利益集团就向德国政府提出在中国

带有"山东铁路公司"德文的封口纸

山东修建铁路和采矿许可权的申请。1899 年 6 月 14 日，德国 14 家银行出资 5400 万马克，在柏林组建成立了山东铁路公司，负责胶济铁路的修筑和日后运营，并取得了德国首相颁发的在山东修建铁路的许可证。同年 8 月 15 日，公司在柏林皇家第一地方法院注册。不久，公司按《铁路许可权》要求将所在地迁往青岛，注销了柏林的营业登记，并于当年 12 月 22 日在青岛皇家法院注册。柏林公司改为分公司，于次年 3 月 15 日在柏林第一地方法院注册。山东铁路公司成为德国第一个租借地铁路股份公司。

山东铁路公司在柏林创建时任命了三位管理层成员，公司迁往青岛以后，原管理层仍留在柏林。根据德国商业法规定，公司管理层隶属于监事会。公司监事会成员有 22 名，主要为银行家、铁路经理、工厂经理、矿务顾问、商务顾问、枢密大臣、律师、海军副将等。铁路公司迁到青岛以后，为便于管理，在青岛建立了一个经营管理机构，任命了两位管理层成员：一位是负责建设和经营的总办锡乐巴，他当时是德国政府建筑工程师和普鲁士王家土木技监，隶属于普鲁士国家铁路管理局；另一位是商务成员、礼和洋行代表司米德，他也在中国待了较长时间，熟悉中国的商业情况。按《铁路许可权》规定，公司管理层主席和最高经营管理者人选都须得到政府批准。

山东铁路公司成立的同时，德国根据《胶澳租借条约》获得在铁路沿线开采各种矿产的权利，于 1899 年 10 月 10 日在柏林正式成立了"山东矿务公司"，本部设在柏林，在山东青岛设立了"事务所"具体负责办理开矿事宜。经过几年的掠夺式经营，遇到了种种难以解决的问题，1913 年 2 月 5 日经德国首相批准，山东矿务公司和山东铁路公司在柏林签订协议，由山东铁路公司通过发行新股票的方式接收山东矿务公司资产，原山东矿务公司成为山东铁路公司"买矿部"，而山东铁路公司的中文名称变为"山东路矿公司"。

"山东铁道部"

1914 年"一战"爆发，日军趁机对德宣战占领青岛及胶济铁路全线。11 月 26 日，日本陆军部发布第 8 号军令，宣布建立青岛守备军，负责青岛和胶济铁路的守备，并对青岛地区的民政事务进行管理。设立司令部，任命独立第 18 师团长、陆军中将神尾光臣为青岛守备军司令官，直属日本天皇，统辖守备军各部。胶济铁路的运营管理暂由日军临时铁道联队负责。胶济全线由日军 5 个独

1914年日军占领胶济铁路后，暂由临时铁道联队负责管理。图为联队本部

立步兵大队分段驻守，兵力达2100多人，占青岛守备军总人数的三分之一。

　　1915年3月，位于中国东北的"南满洲铁道株式会社"按照日本政府指令，派出一批职员组成"山东铁道管理部"，隶属青岛守备军民政部，协助日军管理胶济铁路和煤矿，9月改称"山东铁道部"，部内设总务、运输、工务、计理、采矿等课及四方工场。同时，胶济铁路沿线各站的青岛守备军部队开始换防。3月下旬，日军步兵第8旅团登陆青岛，下辖两个联队，每个联队辖三个大队，共3000多人陆续进驻青岛及胶济沿线，原驻军全部撤回日本，至5月中旬接防完毕。

　　步兵第8旅团司令部及独立骑兵中队、独立工兵中队驻扎坊子，并大兴土木，开建兵营，成为日军守备胶济铁路的指挥中枢。一方面，坊子大致位于胶济铁路的中点，便于指挥分散在380多公里胶济线上的各守备部队；另一方面，德占期间德国人在坊子修建了大批办公、生产、经营用房和住宅，坊子成为除青岛外，德国人建成区面积最大、建筑物数量最多、各类设施最完备的胶济沿线城镇，能容纳大规模部队。

1916年9月，日军在原临时执行守备任务的步兵旅团的基础上，成立青岛守备步兵队，简称青岛守备队，隶属青岛守备军。青岛守备队司令部仍驻扎坊子，辖四个步兵大队。

从1914年9月到1922年底，中国收回青岛及胶济铁路，日本在青岛和胶济铁路沿线驻军长达八年之久。

胶济铁路管理局

1923年1月1日，中国政府通过长达八年的路权之争，终以4000万日元借款的代价将胶济铁路赎回收归国有，在青岛设立胶济铁路管理局，局内设总务、工务、车务、机务、会计、材料、警务等七个处。

与此同时，北洋政府交通部基于当时铁路体制不能统筹划一，经营状况低下的局面，对路政的统一、运输秩序的疏通、财政会计制度的专设，以及铁路管理队伍的考核任用等方面进行了一系列整顿。在整顿过程中制定出台了反映铁路区域性管理特征的各种通则、条例、规章，使中国铁路逐步由早期的分线设局管理转变为按干线区域设局的管理体制。至1923年，制定各类铁路条例、章程、通则、细则、规则等共115项之多。

1915年3月，日军青岛守备军民政部成立"山东铁道管理部"，9月改称"山东铁道部"。图为《山东铁道旅行案内》封面

1928年10月，国民政府以"铁路为交通之母"为理念，专设铁道部统一管理全国铁路。铁路体制实行建设与运营分行，已建成的运营铁路纳入铁路局，包括部分运营的在建铁路纳入铁路工程局，分别在其属下设置铁路车站或相应铁路段，形成了建运分行的"铁道部（路政司）——铁路局或铁路工程局——铁路站、段"三级管理铁路体制。11月1日，胶济铁路管理局归南京国民政府铁道部管辖。

自铁道部成立后，关于各路用人、行政、工程、财务各权限，均可依法令规定。铁道部直辖各国有铁路局职员，除会计处部分由主计处的本部任命外，各路局其他职员，如局长、副局长、处长、课长、助理员、材料厂、机厂厂长、正副工程司、正副总段长等高级职员，均由铁道部从部局及其他合格人员中遴选、派充，不得由局长指名委派。其因故辞职、去职或停职，要在部派人员没有到任前暂时派员代理。

铁道部分线管理制的构想是将每一路线设一管理局，并按路线的长短、运输的繁简，分为一二三等管理局，直辖铁道部。一等局设局长一人，副局长一人或二人；二等局设正副局长各一人，下设处级单位；三等仅设局长一人，下

1923 年 1 月 1 日，中国政府在青岛设立胶济铁路管理局。图为管理局大门

设科级单位，此外每路均设警察署。胶济铁路管理局属于三等局之列。

中国铁路因地域广大，分线设管理局在组织指挥上逐渐出现了效率低、成本高的问题，所以铁道部主张仿照美英制，根据运输与经济状况，将全国铁路划成几区，每区设一管理局，管辖所有该区内的铁路线。不久铁道部又将铁路管理局改为管理委员会，由于胶济铁路是从日本手中接管的，作为试点首先实行，津浦、平汉等铁路随后实行，委员会设委员长一人，委员若干人，但内部分处，外线分段仍然沿袭原有管理方式。1929 年 5 月，胶济铁路管理局改组为胶济铁路管理委员会，但改制后成绩并不显著，试点了不长时间就恢复为局长制。

1937 年 7 月 7 日，卢沟桥事变爆发。7 月 24 日，国民政府颁布《铁路战时运输办法》，并根据军事委员会颁布的《铁道运输司令部组织条例》，于 8

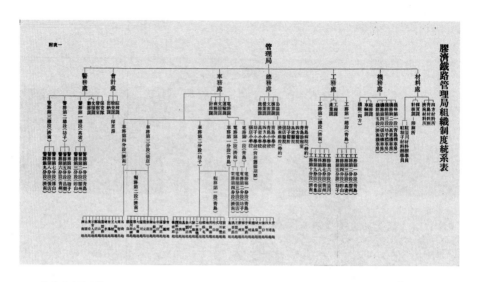

1927 年的胶济铁路管理局组织制度统系表

月 1 日正式组建了铁道运输司令部及各铁路线司令部，并在郑州、株洲设立调度总所（联合调度所），直隶于军委会，由后方勤务部、军政部、军令部和铁道部共同指挥。同时，各路设置线区司令部，规定线区司令及副司令至少必有一人充任铁路管理局局长或副局长，或以局长、副局长的身份兼任司令或副司令。各部局原有管理系统依然保存，两个指挥系统，一套办事人马，以保障战时铁路运输高度灵便，提高效率。随着大片国土的沦陷，全国统一的铁道部专门管理体制也随战局的变化与交通运输部合并，中国控制区的铁路在实施战略大转移的同时，围绕抗战的需要调整为战时的铁路管理体制。

　　华北沦陷后，日本对华北铁路也采取殖民主义体制的管理经营。1939 年4 月 17 日成立"华北交通株式会社"，统一管辖华北沦陷区内铁路、公路、内河等交通运输，在济南设"济南铁路局"，由此胶济铁路从分线设局转向了分区设局的管理模式。

"胶济""津浦"两路的分合之变

胶济铁路始建于1899年9月，东起青岛，西至济南，1904年6月全线通车。津浦铁路始建于1908年6月，北起天津，南到浦口，1912年11月全线通车。两条铁路相交于山东济南，共同构成了山东境内最早的铁路网，二者的分立与合并、连接与竞争，深刻影响着近代山东的社会经济发展。

车站并立下的客运通道

20世纪初，中方控制路权的津浦铁路和德方控制路权的胶济铁路，分别在济南建设了各自的大型车站。两座车站相距仅200多米，之间的客运没有并轨，乘客从青岛通过胶济铁路到济南后，必须出站并步行到津浦铁路济南站，才能坐上北上或者南下的列车。甚至到"七七事变"爆发后，胶济铁路成为民

1928 年航拍照片，胶济铁路济南站（下）和津浦铁路济南站（上）并立相存。选自《老照片》第 75 辑。（雍坚供稿）

胶济、津浦两座济南站之间的客运通道

众逃亡的生命线时仍是如此。清华大学国学院创办人之一的吴宓教授，在其日记中记录了这一状况。1937年11月10日从天津登船，13日下午两点抵达青岛，14日早8点登上开往济南的火车，下午6点车到济南，6点半雇一人力车，载随身行李，由胶济车站步行至津浦车站，在月台上苦等了两个多小时，直到晚上9点才换乘南下的火车。

当年在两座车站之间旅客步行的通道在哪里呢？从1928年的航拍照片中看，两座车站之间的东西两条站前街还没有。

这个问题的答案在1936年10月上海中华书局出版的倪锡英所著的《都市地理小丛书——济南》中有详尽的描述，该书写道："在胶济站前是一片大广场，那广场向南去，便直连着商埠大马路。所以胶济站的地位是比津浦站要重要得多。自胶济站与津浦站间的交通，有一条沥青大道连系着，这是一条自南而北的路，因为东西有铁道并列着，所以在穿过轨道处的路工建筑是很费设计的。它从胶济站的南面，转向东，再折向北，行近铁路通过的地方，路势便渐渐低下去，从铁道的下面穿过，仿佛一座旱桥一般。在这个交通区内，日常是不断的车轮声，列车的影子，不绝地在两站间驶过，匆匆的旅客们来来往往，兼以忙碌的货物运输，造成了一个动乱的境域，人们走到车站附近小立片刻，只看见一切都在活动着，前进着。"幸运的是，100多年后这条当年的两站通道还在。从当年胶济铁路济南站沿着经一路往东，在现在天桥南通往泺口的路口往北，沿着西北方向延伸出的一条岔路，就能通向当年的津浦铁路济南站，反之亦然。

针对胶济、津浦两座济南站客运线路互不相通，联运乘客携带行李转车十分不便的问题，20世纪30年代初曾经试图通过铁路联络线解决。1931年出版的《胶济月刊》记载：从1931年7月1日开始，路局规定凡是乘坐胶济路第一、五两次客车的联运乘客行李包裹到济南站后，胶济路用机车拖挂三等车和

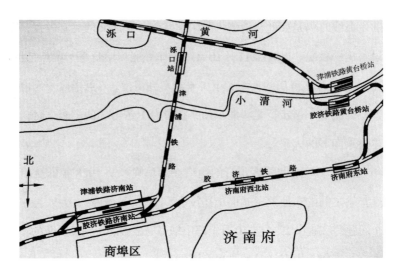

胶济津浦两条铁路之间的货运通道示意图

行李车各一辆，直接送到津浦路济南站；乘坐津浦路第二〇一、二〇二次特别快车的联运乘客行李包裹到济南站后，津浦路负责用机车拖挂三等车和篷车各一辆，转送到胶济路济南站。转运车辆每日往返各两次，胶济路开行时刻为每日八点半和十八点十五分；津浦路开行时刻为每日十一点和十九点。

　　现在济南火车站南面的东西两条站前街是进出济南站的必经之路，又是什么时候出现的呢？东站前街建于新中国成立后，而西站前街却建于20世纪30年代末，日军占领山东过后，将济南两座老火车站合二为一的时候。从20世纪40年代的济南地图中可以看到，胶济线与津浦线并轨后，原胶济铁路济南站北面铁道被拆除的同时，西站前街出现了，成为进出合并后济南站的主要通道，这也解答了为什么我们只在西站前街发现了当年日伪井盖。

路权分立下的货运连接

　　所谓"交通"，相交相通。胶济铁路与津浦铁路在济南交会，虽然客运长时间互不连通，但货运通过过轨线还是相互连通的。

　　1911 年 5 月 13 日，胶济和津浦铁路就达成了《津浦胶济两路暂订联络轨线互通货车章程》，规定"津浦铁路黄河以南业经售票通车之站，准胶济货车往返运货；胶济铁路各站亦准津浦货车往返运货，以便互换利益"，"但此项互通货车章程系专指整车或至少半车货物而言"。这样，载货车辆在两路之间

黄河岸边的津浦铁路泺口至黄台桥支线

不再需要转装货物。1912 年 12 月济南黄河大桥投入使用后津浦铁路全线贯通，22 日两路正式签订《胶济津浦两路货物及乘客转运章程》，代替 1911 年的暂订章程，增加了零担货物过轨和直通车票及行李票发售等内容。随后，胶济、津浦两路相继在黄台桥、泺口修建了货运车站，并于 1913 年 6 月 30 日达成《津浦铁路黄台桥至泺口暨泺口码头岔道允认胶济铁路过车条件》。根据该协议，胶济铁路自行出资，将小清河连轨线延长，与津浦铁路黄台桥—泺口岔道连接，并共用泺口码头岔道。此后，胶济铁路的所有车辆都能在济南府东和泺口岸边之间运行，由此实现了黄河、小清河、胶济铁路、津浦铁路在济南的交汇，连接起了山东水运和铁路两大运输系统。

　　随着胶济铁路和津浦铁路的相继开通，火车这一新式运载工具在运输距离、装载量、往来周期及费用等方面，较人力和畜力运输显示出了极大的优越性，改变了传统商路的货运方式，带动着山东陆运商路网的兴替演变。山东西部和山西、河南等省的土货，都先集中运到济南，再通过胶济铁路运到青岛，出口到欧美等地；进口的洋货也在济南集中后，再散布到周边省份，从而使济南成为山东内地市场系统的核心。

分合之中的两路竞争

　　胶济铁路与津浦铁路交会于济南，影响范围有重合，存在对内陆腹地的竞争，货运费率成为两路竞争的主要手段。1913 年，当津浦铁路鉴于自身所处的不利竞争地位，大幅降低部分进出口商品费率，不可避免地陷入与胶济铁路价格战的时候，山东铁路公司为此致函津浦铁路管理层，表达了强烈不满："我们坚持认为，'济南府—天津'和'济南府—青岛'费率要差不多同样高。但现在这样的费率差别是我们不能允许的，我们不能让青岛出口商相对于天津出口商处于如此不利的地位，现在青岛根本不可能与天津竞争了。所以在贵方降低费率后不久，我们也必须降低费率了。我们认为，贵方不会想在津浦铁路和山东铁路之间挑起费率战，尤其鉴于津浦铁路和山东铁路的费率现在已经相当低了。继续降低价格会使两条铁路的货运业务都无利可图，仅仅让运货人得到好处，他们自然会尽一切办法压低货运费率，挑唆一家铁路实行优惠并促使另一家铁路做出更大的让步。"后来，津浦铁路将'天津—济南府'段罐装石油的运费从每车（15 吨）52.3 元提高至 92 元。但过了不久，津浦铁路与亚细亚火油公司达成一项特别协议，规定津浦铁路对后者由天津至济南府段运输的罐装或箱装石油，每车只收取 82.15 元。胶济铁路立即做出反应，决定从 1913 年 12 月 1 日起，将罐装或箱装石油从原来的 101.4 元同样降至 82.15 元。自 1914 年 5 月 1 日起，胶济铁路还降低了法兰绒、糖和苏打的费率，从而与津浦铁路运费相等。

1938 年 1 月日本占领山东，将铁路原来的线路管理模式改成了区域管理模式，于 1939 年 4 月 17 日成立"华北交通株式会社"，对华北地区的铁路、公路、水运实行综合分区管理，下辖包括济南铁路局在内的八个局。并将津浦、胶济两座济南站合二为一，至 1940 年改造完成，从此津浦铁路济南站成为唯一的济南站，而胶济铁路济南站则被改建成了铁路办公用房。

日军占领中国华北后，陆军部主张以天津为中心，海军部主张以青岛为中心。1938 年 12 月，日本商工会议所制定了《以青岛为中心的交通对策》，试图从铁路、公路、航运、港湾建设上建立起以青岛为中心的庞大交通网。战前青岛港进出口货物主要靠胶济铁路输送，年运输量约 350 万吨，运力有限，已

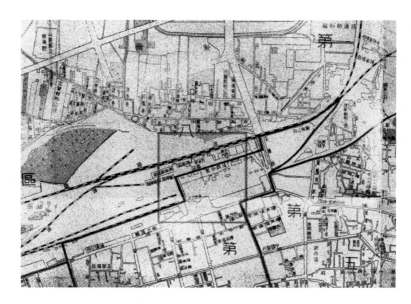

20 世纪 40 年代，胶济津浦两路并轨在济南共用一座车站

远远达不到日本掠夺战略资源，支持其长期侵略战争的需要。为此制定了改良和强化胶济铁路并增建其延长线，提高运输能力的铁路计划。在山东和华北的开发计划中，围绕胶济铁路的预定修建线路最多，但受天津中心论和抗战形势发展的影响，这些线路计划并没有付诸实施，最后只新建了几条短距离运送煤铁的专用线。

中华人民共和国成立后，中国铁路开启了新的征程。1948 年，华东区铁路管理总局成立，隶属济南军事管理委员会，1949 年 4 月，华东区铁路管理总局改称济南铁路管理局，管界北起德州，南到南京浦口、芜湖裕溪口，囊括了整条胶济线和绝大部分津浦线。

胶济铁路南线的近代之变

胶济铁路东起青岛，西至济南，途经高密、潍县、张店等地，早已被人们熟知。但 100 多年前最初构划设计时，却分南北两条线路，只是最后只建成胶济铁路北线。那条始终没有修建的胶济铁路南线，也深刻影响着近代山东乃至中国。

胶济铁路南线构划的产生

胶济铁路南北两线的构划，最初源于德国地理地质学家李希霍芬对山东为期六周的考察。1869 年 3 月 28 日，李希霍芬第一次来到山东，29 日晚 8 点到达沂州府，考察了附近的一处煤矿后，在日记中写道："综合我的观察所得，这片地方储煤量不小，但是现在没有得到很好的勘探……这个地方现在就差外

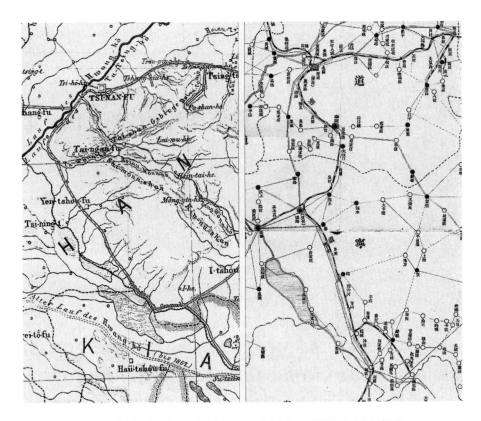

李希霍芬构想的胶济铁路南线沂州至济南段（左）与津浦铁路山东段实际修筑线路（右）对比图

国挖掘队的介入和建设一条铁路，如果二者齐备，必定取得巨大的成果。而这现成的铁矿石也十分适合用来建铁路。"沂州府后来成为他构划胶济铁路南线的中点。

　　在中德双方随后的谈判中，修建经过沂州府的胶济铁路南线计划也逐渐浮出了水面。在 1898 年 2 月 13 日的德国照会中，德国驻华公使海靖提出："本国国家业已商定，向中国讨允盖造铁路一道等因在案。此有德国所办铁路二道相连之意，贵王大臣至今不过允准由胶州至沂州盖造铁路一道，并未定准由沂州至济南盖造相连之路。现在奉饬,特请贵王大臣将准盖造相连之路,迅速备文照复。"毫不遮掩地要求清政府同意以沂州府为中点,修建一条东连胶州,西达济南的胶济铁路南线,与胶济铁路北线构成一个几乎覆盖山东所有重要煤炭资源的环形铁路。

1898 年 3 月 6 日,在德方的武力逼迫下,双方签订《胶澳租借条约》。其中"铁路矿务等事"规定,中国国家允准德国在山东盖造铁路二道:其一由胶澳经过潍县、青州、博山、淄川、邹平等处往济南及山东界;其二由胶澳往沂州及由此处经过莱芜县至济南府。所开各道铁路附近之处相距三十里内,如胶济北路在潍县、博山县等处,胶沂济南路在沂州府、莱芜县等处,允准德商开挖煤……

收回胶济铁路南线路权

20 世纪初,中国主持的津镇铁路(津浦铁路前身)建设启动,也使德国最初的胶济铁路南线计划出现了变数。

1907 年,清政府与英、德重新谈判津镇铁路合同时,提出《胶澳租借条约》中约定的胶澳—沂州—济南和济南至山东边界的铁路并入津镇铁路办理。德国一方面鉴于津镇铁路的建设已取代济南至沂州的铁路,另一方面胶济铁路建成后只取得了中等利润,而且沂州府的矿业利益也不如预期,为此同意将胶济铁路南线作为支路归入津镇铁路,济南至山东边界一线铁路并入津镇铁路,同时提出了中国同意 15 年内自办建造德州至正定、兖州经济宁至开封的两条支线铁路,尚借洋款,应与德华银行商办的要求,以期通过两路贷款权为条件

胶济铁路南线的近代之变

胶济铁路南线胶澳至沂州段上的高密站。摄于 20 世纪初

让出胶济铁路南线和济南至山东边界的路权，并以这种方式延伸胶济铁路北线。然而到了 1909 年，德国又照会清政府要求保留胶济铁路南线和济南至山东边界铁路 30 里内的开矿权，此举遭到山东绅商的强烈反对，认为中国所面临的真正危险是经济控制权的丧失，铁路和矿山是赖以生存的根本和独立自主的基础，关系到国家民族的危亡。

随着津浦铁路的修筑和建成通车，德国修建胶济支线取代胶济南线的计划也不断调整。1910 年，德国驻济南领事贝斯向山东巡抚孙宝琦提出把德正线改为济顺线的要求。认为德州至正定铁路距离天津太近，运输的货物能否为胶济铁路所吸引难以预期，修建济南至顺德铁路，可以通过运费调整把沿线货物

德方曾提出修筑济彰铁路的彰德站（今在河南安阳）。摄于 20 世纪 40 年代

引向济南，经胶济铁路从青岛出口。1913 年，津浦铁路北段德国总工程师多普米勒认为济顺线不妥，分别向山东铁路公司和德国驻华公使提出修建济南至彰德铁路。认为济彰线日后可以从彰德向西延展，经襄垣入山西，与归化至成都铁路连接，深入内地，青岛的价值势必极大提升。同年底，德国施加外交压力，与中国北洋政府互换照会，将津浦北段拟建的支路确定为从高密经沂州、峄县至韩庄和从济南至顺德，德国享有优先建筑权。前者取代了胶济铁路南线沂州至济南的部分，意义不仅在于经过物产富饶的沂州府和煤炭资源丰富的峄县，而且在韩庄建立了与津浦铁路的第二处连接，与对货物运输影响重大的京杭大运河汇合。德国对该线调研的结论是，不仅德方自身能获得可观的利润，

也将为胶济铁路运输的继续发展，以及德国港口贸易和运输的持续繁荣带来益处。而济顺线的意义在于德国人想通过它建立青岛与京汉铁路的直接联系。1914 年，德国又向北洋政府要求承办以下四条铁路：济南—大同、兖州—襄阳、韩庄—汉口、烟台—潍县。北洋政府认为德国通过铁路对中国施加影响力的胃口过大，而且牵涉到英、法、比等国，最终没有同意。

胶济铁路南线与"山东问题"

1914 年，德国新拟定的胶济铁路南线计划被日德战争打断。11 月 7 日，德军投降，日军攻陷青岛，占领胶济铁路全线，日德战争宣告结束。

日本为进一步扩张其在中国的势力，1915 年 1 月 18 日下午 4 时，向中国政府正式抛出了酝酿已久的"二十一条"，要求中方"绝对保密，尽速答复"。面对日本军事威胁，经过数月交涉，5 月 25 日，中国政府被迫与日本正式签署《民四条约》。其中第一号四项条款中规定："中国政府允诺，日后日本国政府拟向德国政府协定之所有德国关于山东省依据条约，或其他关系，对中国政府享有一切权利、权益让与等项处分，概行承认。……概不让与或租与别国……"此项要求的实质，就是由日本继承德国在山东的权益，包括承认其对胶济铁路的控制权，企图长期霸占胶澳租借地及胶济铁路。

1917 年 3 月 14 日，出于战争形势和战后外交的影响，中国政府宣布放弃中立，对德国宣战。随后，"以工代兵"派出十几万劳工前往欧洲战场支援作战，使中国取得以战胜国身份出席战后巴黎和会的入场券。

1918 年 9 月 24 日，日本以借款和支持中国参战为诱饵，与中国签订了《济

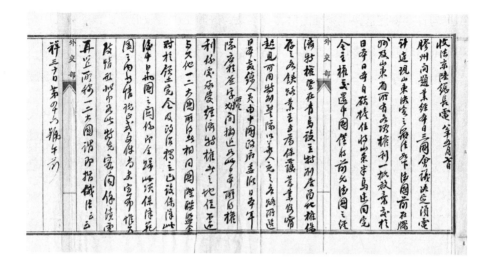

1919 年 4 月 30 日，中国代表团报告三国会议议决将德国在山东权益交给日本的电报

顺、高徐二铁路借款预备合同》，交换条件是日本允许将胶济铁路沿线日军撤兵至青岛等条款，此即《山东问题换文》。主要内容为：胶济铁路沿线之日本国军队，除济南留一部队外，全部均调集于青岛；胶济铁路之警备，可由中国政府组成巡警队任之；上列巡警队之经费，由胶济路提供相当之金额充之；上列巡警队本部及枢要驿并巡警养成所内，应聘用日本国人；胶济铁路从业员中应采用中国人；胶济铁路所属确定以后，归中日两国合办经营；现在施行之民政撤废之。

这两项涉及山东的秘密条约之所以成为战后巴黎和会上"山东问题"争议的焦点，其关键在于 1913 年 12 月 31 日，中德签署《高密韩庄及济南顺德铁路照会》，中国政府表示，愿委托德国公司修建这两条铁路（韩庄靠近徐州，后来称高徐铁路）。相同的一份铁路合同，似乎由德国换成了日本。与此同时，中日双方作为交换条件签署了涉及山东利益的换文。山东原为德国势力范围，

胶济铁路南线的近代之变

中国与日本签订这两个条约之后，日本认为这等于中国政府承认日本对德国在山东的权益拥有继承权。对此，中国后来在巴黎和会上据理力争，中国与德国签约时还处于中立国状态，对德国宣战后，中德此前签订的条约均已自动废除，与宣战后与日本签订的两项秘密条约之间不具有继承关系。

在巴黎和会上，中国代表虽几经努力，积极交涉，但并无成效，山东问题最终完全按照日方的意见作出了裁决。中国代表拒签和约，开创了近代中国外交敢于抗争的先例。

从民众到国家的胶济之争

19 世纪末，德军"突然携枪炮蜂拥登岸"侵占胶州湾，强迫清廷与之签订《胶澳租借条约》。随之，胶济铁路一段段向西延展；由此，胶济铁路沿线从民众开始也拉开了反抗外来侵略、争取国家主权的抗争序幕。

保护个人权益的抵制举措

在孔孟之乡修筑胶济铁路，首先面对的是民众在传统文化观念上的抵触和在切身利益受损下的抵制。

最初反对铁路的人提出，修筑铁路不会因为有祖先的陵墓和繁华的城镇而改变线路，不畏惧鬼神的报应，令山川神灵心神不安就容易招致水旱灾害，视其为破坏风水的不祥之兆。随着铁路的修建，"迁坟移舍尤为乡民所不乐为"，铁路公司降成本、赶工期、野蛮施工，不修涵洞泄洪导致水灾，乡民复杂的土地产权关系，低于实际价值的补偿款，以及公司通事（翻译）私行诡诈，"为索人钱财，或吓由房宅，或吓经坟墓，多方凌逼"等因素，导致当地乡民积怨越来越深，最终在高密爆发了乡民拔掉铁路勘测杆，包围铁路公司办事处阻止施工，德军派兵血腥镇压的抗德阻路事件。

胶济铁路通车后，针对德方通过铁路对山东内地资源和物产的掠夺，沿线商民从最初的暴力对抗转变为通过经济手段与之对抗。

为了打破德国人在胶济铁路沿线30里地带的采矿垄断，中国矿主纷纷以曾在30里地带开采过旧矿井的名义开一个新矿，有的还使用了现代开采设备。就在胶济铁路全线通车的1904年，博山地区出现了三个使用水泵的新矿，潍县开了一个大的传统式矿井。甚至到1907年，中国人仍然在胶济铁路30公里内的淄川白菜园子、小吊桥子两处，利用中德双方订立《胶济铁路章程》前的旧井成功采矿。

济南电灯房引进德国引擎式锅驮发电机

济南商埠区二马路街景

济南仁丰纱厂"蝴蝶美人"商标

20世纪初，随着济南的自开商埠，德国人在胶济铁路沿线的经济支配地位逐渐削弱，地方绅商参与发展的机会大大增强。自开埠到清末，济南民营工业共16家，再加上其他带有民营性质的近代企业，共有二十三四家。洋货在各地的倾销刺激着民族资产阶级引进设备和技术，设厂仿制"洋货"，以达到抵制洋货、振兴民族经济的目的。华商在济南设立的机器制针厂，使日本针的销路锐减。济南振业火柴公司没有被3家日本火柴厂挤垮，反而于1919年投资30万元在济宁设立了振业火柴公司第二厂，又于1928年投资30万元在青岛建起了振业火柴公司第三厂。1930年前后，济南棉织厂如雨后春笋，数年间先后设厂55家，其中成通、仁丰两纱厂资本额均达到150万元。此外，民族工业有所发展的还有面粉、榨油、食品加工、机器五金、染料、烛皂、印刷、建材、卷烟等行业。

维护地方利益的遏制手段

胶济铁路修建前后，山东历任巡抚围绕胶州湾和铁路沿线利益与德国的争夺就不断上演。先是1897年试图军事对抗德国侵占胶州湾，后被革职的李秉衡；再是1899年支持义和团对抗德方修筑铁路被调离，后又发配处死的毓贤。直到袁世凯、周馥任上，与德方的对抗才转变为利用政策和经济手段进行遏制。

1900年，山东巡抚袁世凯与山东铁路公司总办锡乐巴签署《胶济铁路章程》，一定程度上遏制了施工人员以往的野蛮行径。更重要的是，这一章程的签订等于德方承认了铁路处于中国管辖权之下，章程的意义在于为中国政治提供了一种对付列强经济渗透的方法。

周馥就仕山东巡抚后，首先用前任巡抚张人骏筹集的 12.5 万两购买了 300 股铁路股票，做到了袁世凯任上想办而始终没有办成的事情。根据《铁路章程》记载，中国人购买铁路公司股票价值在 10 万两以上，就有权派人到公司参与管理。周馥一收到股票，就派他的代表去青岛找锡乐巴，要对铁路管理层施加影响。

1904 年 5 月，就在胶济铁路全线通车的前夕，清政府突然宣布了济南、潍县、周村自开商埠的决定。为扶持本国贸易，促进商埠发展，山东省官府制定了一系列"通商惠工"政策，不仅免、减、缓了多种税费，还专门制定奖励措施，鼓励中国人投资工商业，成为中方对抗外国势力随铁路扩张的有效手段。

胶济铁路通车后，德国铁路邮政和电报业务随铁路运营一同开展。针对德国对山东权利的侵害，山东巡抚衙门通过业务竞争和政治手段逐步破除德国邮政和电报的威胁。1905 年，中德双方签订《互寄邮件暂行章程》。1907 年，中国邮政在火车上加挂本国邮政车辆并配备中方人员，标志着德方山东铁路公司完全整合到中国邮政系统之中。

在胶济铁路沿线的采矿问题上，山东历任巡抚也是极力与德方争夺。袁世凯与德方签订《山东德华矿务章程》，凭借法律保障鼓动中国人开矿，详见拙文《胶济沿线煤炭二三事》"章程中的陷阱"章节，不再赘述。继任巡抚张人俊为抵制德方山东矿务公司，命商务局筹款 3 万两与原矿主合股接办。杨士骧就任山东巡抚后继续前几任的政策，与山东矿务公司订立《淄川附近土法采煤合同》，还试图在山东矿务公司的矿井周围设立厘金站，并阻止德国人在该区域内勘探新矿，最终迫使矿务公司放弃垄断权，以换取同山东巡抚衙门的友好关系。1910 年 7 月 24 日，山东巡抚衙门与山东矿务公司签署《收回山东省各路矿权合同》，德方只保留坊子、淄川、金岭镇至张店矿区的采矿权。至 1913

年12月，中国政府收回淄川、坊子、金岭镇三处矿权。

誓争国家主权的外交抗争

胶济抗争上升到国家主权层面，还要从胶济铁路成为中日"山东问题"谈判焦点开始。"一战"结束后召开巴黎和会，中国期待以战胜国的身份，一举改变近代以来不平等的国际地位，以期收回胶州湾和胶济铁路。

1919年1月，巴黎和会开幕，日本代表提出由日本继承德国在山东的权益的要求。中国代表顾维钧不卑不亢地从山东的历史、文化、宗教等入手，阐述中国对于山东的不容争辩的主权。在随后的会议辩论中，顾维钧进一步阐述"中国在对德战争宣言中，已明确声明根据中德战争状态，两国间以往达成的所有条约和协定都视为无效。既然租借协定已被废除，那么作为领土主权完整，胶州租借地以及其他德国在山东享有的类似权利和特权都全部归还给了中国……"此次辩驳，顾维钧发言依据国际法，持之有据，言之有理，扭转了中国此前外交被动的局面，迫使日本对山东问题"只字不提"转变为表示愿意归还。

3月25日，顾维钧拜会美国总统威尔逊。威尔逊称日本表示"可与中国直接交涉将租借地交还中国，而铁路则据为己有"。对租地与铁路两个问题，顾维钧进一步说明："以租地与铁路比较，铁路至关重要，因该数铁路皆于地理上占极要之形势，若铁路归日本人掌握，不啻以日本人之手扼中国之喉。"

历经数月的讨价还价，中国的利益一点点被吞噬。中方的要求从最初的直接归还，退到五国暂管然后归还中国。列强态度也从最初的同情中方，提出和会接管、五国处置，退到可以由日本接收。4 月 30 日，所有方案均被日本拒绝，山东问题完全按照日方的意见作出裁决，中国关于山东的交涉，以失败告终。

消息传至国内，爆发了轰轰烈烈的五四运动，中国各阶层纷纷行动起来，形成了学生罢课、工人罢工、商人罢市、全民抵制日货、请愿游行、社会上层奔走呼吁的宏大阵势，不仅使当时的中国政府认识到了人民的力量，也让日美等国对中国民众的力量刮目相看。如此强大的舆论压力，也成为中国代表最终没有出席巴黎和会签字仪式的重要原因。

1921 年底，悬而未决的"山东问题"提交到华盛顿会议，胶济铁路成为

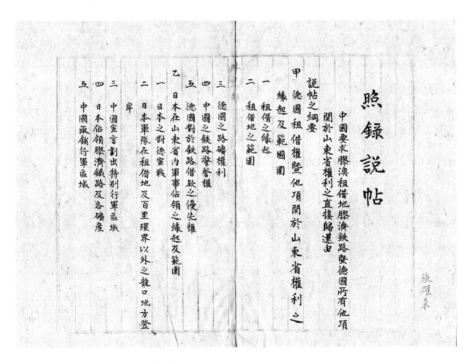

巴黎和会上中国要求归还山东权利的说帖

参加华盛顿会议的中外代表

中日边缘谈判长期争执的焦点。

1923 年 1 月 1 日，日本将胶济铁路及其支线一切附属财产移交中国，中国偿还日本政府铁路财产价 4000 万日元，以国库券照票面支付，年息 6 厘，以胶济铁路财产及进款为担保。价款未偿清前，胶济铁路车务长、会计长由日籍人员担任。

胶济铁路从修建之初几经抗争，建成 19 年后，中国首次通过外交谈判形式收回路权，成为中国近代史上具有里程碑意义的标志性事件。

胶济铁路沿线土货

"土货"一般是指当地或本国的物产。胶济铁路沿线土货主要包括煤炭等矿产类、农作物等原料类和农副产品加工后的半制成品，大都集中在青岛、烟台后外运。随着铁路的开通和近代商品贸易的发展，原来仅限于产地及周边区域自用的大部分土货得以到埠外、海外市场流通。

大宗运输出口的沿线矿产资源

德国之所以把侵占远东的目标选在了胶州湾，除了优越的港航条件和修建伸向内陆的胶济铁路，还有一个重要原因就是山东丰富的煤炭资源，这三点早在德国地理地质学家李希霍芬考察山东，评价胶州湾的论述里就直言不讳，说得很明白。

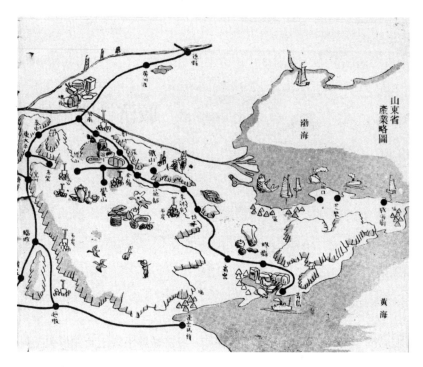

1942 年山东省产业略图

　　1901 年，潍县地区第一口矿井"坊子矿"开始掘井，1902 年 8 月在 175 米深处发现了 4 米厚的煤层，同年 10 月 1 日开始采矿，全部采矿设备都由德国制造。1902 年 10 月 30 日，10 列各载着 15 吨石煤的列车首次驶抵青岛。然而坊子煤总体质量不高，残渣含量高，不适合作燃料，开采量又相对较小，无法向山东铁路公司和德国海军大量销售，更不可能向东亚市场出口，主要供山东省内使用。1905 年，装载 11380 吨煤的 14 艘轮船运至烟台、天津、上海和香港，潍县煤实现第一次大规模外运。1907 年坊子"米娜"矿井投产，1908 年"安妮"矿井投产。

20世纪40年代初淄川采煤场景

继坊子之后，山东矿务公司在淄川矿区又发现了更优的纯烟煤，煤矿储量占全省比例达到七成以上。1905年底，该矿区第一口矿井黄山矿井建成，1906年秋投产。山东铁路公司为此修建了淄川至黄山的运煤专线。1910年黄山矿井113米深处发现了上等煤炭，山东矿务公司得以与德国海军签订采购合同，专门向德国驻青岛巡洋舰队供应黄山煤。此外，黄山煤还供轮船和铁路使用，1912年日产量达到1000吨。

胶济铁路建成后的八年间，大宗货物运输始终高居榜首的就是煤炭，份额占到运输总量的50%以上。山东矿务公司在坊子、黄山两地矿井的开采量也由 1904 年的 5 万吨左右达到 1912 年的近 50 万吨。但由于较高的铁路运费，使煤在青岛等地的售价很高，无法与海上运来的开平煤、日本煤竞争，山东矿务公司销往山东内地的煤炭份额占了一半以上，其次销往青岛，而销往沿海和海外以及铁路的份额都很低。

胶济铁路使山东煤炭运输更加便利，销售有了保证，地方官府支持，更多使用简单机器开采的中国煤矿兴办起来，仅淄川一处 1917 年已有矿场 80 家。博山地区的中国矿井年产煤约为 20 万吨，其中 2 万吨用于炼焦，主要运往济南销售。

商品化程度迅速提高的农产品

山东是传统农业大省，陆路运输的高成本阻碍了低价值、大体积农产品的长距离商业流动，农产品的商品化程度并不高。胶济铁路通车后，为区域间贸易扩展提供了强有力的刺激，一些国内外市场需求量较大的农产品商品化程度迅速提高，出现经济作物的广泛种植。

山东花生种植始于清嘉庆初年，品种最初为生长迟、产量低、适种性差的小粒花生。1904 年山东农桑总会在冠县、阳信、沂水、城武等地试种大花生。花生含油量高达 40%—60%，在欧洲可以作为橄榄油的廉价替代品。1908 年德商首次从青岛出口花生到欧洲，此后德日洋行在山东大量收购花生并出口。津浦铁路建成后，黄河以南、大运河沿岸地区出产的花生，经津浦和胶济铁路汇集于青岛，而河南、山西等省出产的花生则经黄河水运在泺口中转后，经胶济铁路运抵青岛。1913 年，由于种植花生利润高，某些产区的花生种植面积呈现出排挤其他作物的倾向。山东章丘和济阳两地花生种植面积在耕地面积中所占的比例，分别从 1900 年的 0.1% 和 0.2% 迅速增长至 1915 年的 5% 和 15%，这两地所生产的花生几乎全部用于出口。青岛出口花生占全国的比例也从 1903 年的 2.5% 提升到 1913 年的 44.9%。

烟草约在明代晚期传入山东，但这种土烟叶小，烘干工艺不优，行销范围狭窄。1913 年，美烟品种在潍县坊子试种成功。1917 年，英美烟草公司在坊子二十里堡设立了干燥工场，其制成品出口欧洲。同年，东亚烟草公司、南洋兄弟烟草公司、山东烟草商会、南信洋行等陆续收购山东烟草，由于各方竞购，价格飞涨，胶济铁路沿线一带随之发展成为山东美烟种植最广的地区。在

20 世纪 40 年代培育种植烟草

20 世纪 40 年代采摘棉花场景

不少传统产烟区，美烟已基本取代土烟，成为当地种植的主要烟草品种。随着烟草种植的发展，烟草开始与粮食作物争地。胶济铁路沿线美烟栽培面积指数（1926 年 =100）从 1913 年的 0.4 提升到 1931 年的 442.2。最先引进美烟的坊子附近地区，原先的小麦田几乎全部变成烟草栽培地。1934 年临淄烟产区的美烟产值已超过小麦、谷子和高粱等传统粮食作物，潍县、益都烟产区的烟草产值也几乎可以与小麦产值相当。

清代中叶，棉花已在鲁北和鲁西沿黄地区广泛种植。1906 年，美棉种子在东昌府试种成功。1913 年，山东农事试验场进行中美棉品种比较试验以推广良种。次年，农场成立种子交换所在历城等县推广美棉。1920 年前后，山东实业厅在临清设立棉业试验场，专门试验、驯化和繁育引进的美棉，连续繁育成功后集中在鲁西、鲁北棉区推广。经过数十年的引种推广，以及众多中外机器纱厂对棉花需求量的急增，美棉种植逐渐由最初的小块试种地扩展至山东大部分宜棉地区，棉花成为胶济铁路运输的重要大宗货物品种。

逐步机械化的农副和手工产品

借助胶济铁路的运输，山东传统农副产品和手工业出现了向规模化机器生产的转型。有的在洋货冲击下衰落，有的因销量扩大获得了生产的规模化，有些转型成为民族工业企业。

山东自古丝业发达，家蚕丝和野蚕丝的产量都居全国前列。19 世纪 60 年代以后，传统手工纺织业在近代机器纺织业的冲击下开始解体。随着胶济铁路的开通，各地生产的丝由青岛输出的数量日益增多，机器缫丝业成为民间资本投资经营的方向之一。胶济铁路丝绸运输量从 1904 年的 161 吨提升到 1912 年的 990 吨。

除了丝织业，在市场需求和出口增加的刺激下，有些原先主要以国内南方地区为市场的手工行业，如粉丝业、榨油业等，因国外市场需要量骤增，生产

20 世纪 40 年代博山手工制作瓷器

规模不断扩大，逐步转变成以国外市场为主的出口型手工业，铁路沿线地区成
为新兴的手工榨油业中心。也有部分新兴手工业部门，如草辫业、花边业、发
网业迅速发展起来。其中，草辫业已经成为山东北部和中部大部分农户收入的
主要来源之一，胶济铁路通车当年，青岛草帽辫出口就超过烟台，第二年占到
全国草帽辫出口的一半以上。一些与商品经济相联系的手工业得到了发展。博
山的陶瓷、琉璃等制品因铁路开通而扩大了销路，窑户日渐增多，陶瓷成为胶
济铁路运输的最重要工业产品之一，运量八年间增长了三倍多。潍县仿古铜器
销往上海、天津、青岛等大中城市和日本、欧洲诸国。

土货还有一种外商企业加工出口的方式，这类企业的原料市场在内地农村，而销售市场则在国外，是农畜产品出口在产业上的延伸。比如 1906 年德国总督府投资建设了青岛第一家机械化屠宰加工企业，其工艺技术设施、生产流程和卫生检疫标准，是当时东亚最先进的。10 多年间，青岛年出口量从数千头猛增至数万头，甚至严重影响了清末中国北方地区农业耕牛的存栏数量。此外，还有日商在青岛和济南开设的日华、中华、东亚蛋粉加工厂；东和、三井、东洋精制油加工厂，以及冷藏加工、畜产品加工等企业。此外，除了大宗出口外销的土货，还有一部分山东自产的土货在当地销售，或输出到国内其他城市销售，同时也从国内其他地区输入适合山东当地需求的土货。

　　20 世纪初，洋货在各地的倾销刺激着民族资产阶级引进设备和技术，设厂仿制"洋货"，以达到抵制洋货、振兴民族经济的目的。特别是能够应用现代大型机器的纺织印染、机器制造、农产品加工、化工技术等，如雨后春笋般涌现，面粉、榨油、食品加工、机器五金、染料、烛皂、印刷、建材、卷烟等行业也有较快发展，造就了许多成绩斐然的民族工业企业。

胶济铁路沿线洋货风潮

　　"洋货"一般泛指外国进口的货物。本文所指胶济铁路沿线洋货主要包括：西方资本主义国家本国生产，倾销到山东的商品，如日常生活用品、机器制造设备等；外商在山东青岛、济南等城市投资设厂生产的商品，几乎遍及所有产业部门。洋货利用西方对华政策迅速扩张的同时，也刺激着民族企业走上了通过引进西方先进技术设备抵制洋货，力图振兴民族经济的道路。

产品输出阶段的洋货

　　近代以来，洋货先后通过烟台、青岛来到山东，并逐渐散布到内地。19世纪末20世纪初，越来越多的进口机制产品在沿海和内地行销，使传统手工行业中凡是生产品可以被洋货替代的，都受到不同程度的排挤。

棉布是山东进口最早的洋货之一，初期尚无法与价格低廉，坚实耐用的土布竞争，为了打开中国市场常常采取降价销售的办法。1898 年，棉纱进口超过了棉布，成为位居第一的进口商品。进口洋铁成本比土铁低一半，铁匠锻打原料几乎都是清一色的进口废铁，土铁在沿海地区几乎已被洋铁完全挤出了市场。进口煤油为销往内地售价削减了一半，大大低于豆油，开始大量进入城乡社会消费领域，许多地区世代相传的豆油灯也逐渐被煤油灯所取代。胶东地区"自洋火盛行，人乐其便，外货畅销，日甚一日"，火镰遂为洋火取代。

山东沿海城镇"土货所入者，不及洋货十分之一，而洋货销路之广，较土货倍徒焉。今试游览市面，见各商号所罗列者，何一非洋货，无论各洋行、各细货行，购者、卸者含洋货外无他种。即从前绝不贩运之家，如粮店，今则普面居其半矣；如蜡铺，今则洋烛居其三分之一矣；如药行，今则药水居十之三四矣"。济南市面不再是清一色的土货。大的店铺有俄国货、英国货，杂货铺中则充满了日本的纸张和食糖，还有火柴、煤油、锅、壶、钟表等洋货。济南外资商业，从机器到日常生活用品几乎无所不包，西药、五金、化学颜料、保险、照相、钟表业等，成为外商到来后逐渐兴起的新行业。城市的消费方式对乡村有着"示范效应"，随着商路网向内地的延伸和贩运费用的降低，洋货更是逐渐渗透到城乡市场的各个角落，购用洋货渐成风气，一些畅销的洋货逐步成为当时人们广泛使用的日常生活用品。

在洋货进口方面，德日英美等国洋行分别控制着机械、五金、电气设备、棉纺织品、火柴、煤油等洋货的进口和经销。德国洋行依靠同本国总督府的特殊关系，包揽了政府各项工程设施所需材料和设备的进口，并且掌握着青岛市场上进口机电产品和化工产品的经销。美国的美孚石油公司、英国的亚细亚石油公司在青岛设立了经理处，并于 1907 年建起了大型储油库。为了争得销路，日本企业大都采用与中国民间文化习俗有关的商标标识，比如金鸡、双鹿、飞燕等，这类商标标识迎合了中国消费者的心理，为日货在内地的行销提供了条件。

资本输出阶段的洋货

青岛虽然比烟台晚开埠近40年，但赶上了西方资本主义国家对华资本输出阶段，加上胶济铁路为其打开了通向山东腹地的通道，迅即成为山东最大的对外商贸口岸。

青岛造船厂 150 吨起重机

外商资本在山东的投资，最早集中在烟台，从事船舶修理和缫丝生产。德占胶澳后，进口了几乎全套的工业装备，通过建港口、修铁路、开矿山，攫取山东的物产资源。德国成立的山东矿务公司不仅资金规模和开采量居全国前列，其机械化程度是当时国内四大机械化煤矿之一。此外，胶澳总督府鼓励德国企业在青岛投资设厂，造船厂、铁路机车工厂、发电厂、屠宰厂相继建成投产，大型工业设备也随之引进到青岛。比如船厂码头使用了150吨电动起重机，四方机车厂进口各类机器设备200余台，电灯房装备2台170千瓦蒸汽发电机和1台410千瓦发电机，屠宰厂配备了高架传送铁轨等自动化设备。除了官办企业，德国商人也在青岛投资开办了德华缫丝公司、青岛啤酒酿造公司等

坊子炭矿的卷扬机

在济南经营杂货的日商铃木洋行广告

企业，使用了全套进口的工业生产线。

1914 年日军占领青岛后，大批日商相继涌入青岛发展，并由青岛沿胶济铁路向内地渗透，开设了大批工业企业和商贸机构。1916 年内外棉公司在青岛开设分厂，翌年 2 月投产，成为日本纺织业打入华北的前锋。1906 年，"日本麦酒""札幌麦酒"及"大阪麦酒"三家啤酒公司合资开办了"大日本麦酒株式会社"，亦称"太阳啤酒公司"。1914 年日本战胜德国，随后太阳酒业接手原德国青岛啤酒公司，并将青岛啤酒商标替换为太阳啤酒。1917 年，在青岛开办日资工厂掀起高潮。这一年，日商在台东、沧口开办了一大批企业，其中建成投产的有铃木丝厂、向井化成公司骨粉厂、信昌洋行肥皂厂、大连制冰厂、青岛罐诘株式会社、东洋油脂工场青岛支店；次年投产的有青岛制粉株式会社、内外棉株式会社青岛工场、青岛盐业株式会社、大仓蛋粉厂、山东兴业株式会社等；已经开工建设的有山东火柴公司、青岛燐寸株式会社、大星洋行蛋粉厂、三井油房、东洋油房、山东化学工业会社等。至第一次世界大战结束，日商资本在山东开设的工厂几乎遍及所有产业部门。

洋货与民族工业发展

19 世纪末 20 世纪初，大量涌入的外国机制产品冲击着中国传统手工业。伴随着民族意识的觉醒和民族运动的高涨，出现了华商资本兴办实业、投资设厂的热潮。

民间从仿制西洋简单机械起步，逐渐在青岛、济南、潍县等城市形成了批量生产机械整机，并能零星制造少量金属加工机器和动力机器的行业规模，到

20 世纪 30 年代，部分铁工厂甚至已具备制造柴油机、发电机、蒸汽机和金属切削机床设备的能力，但始终未能形成为工业化提供坚实基础的机器制造体系，大部分民族工业企业仍需进口外国机器设备扩大生产规模和提升工艺水平，才得以在与洋商洋货的竞争中获得发展。

1913 年，丛良弼等人在济南创立了山东第一家大型火柴工厂——振业火柴公司。公司成立后，由日本购进先进的排杆机、卸杆机、理杆机、整杆机、油盘、药盘等全套生产设备。火柴厂聘用天津丹华火柴厂张厚庵为总教习，主持火柴生产，并聘用日本技师为指导。当时国内多数厂家只能生产黄磷火柴，而振业火柴厂则能生产蜘蛛牌硫化磷火柴，日产 40 大箱，计 57.6 万包。1913

20 世纪 30 年代济南仁丰纱厂购置的日产坂本织布机

膠濟鐵路更換全路橋梁之第一架橋
落成紀念攝影

橋　　名..........大沽河橋
位　　置..........公里五九加一九六處
橋　　長..........三十公尺六孔鈑橋
最初之孔..........青島方面第二孔
日　　期..........十四年三月二十八日
載　　重..........E—50
製造廠..........德國 M.A.N. 橋梁廠

ERECTION OF THE FIRST SPAN WHICH
MARKS THE COMMENCEMENT OF THE
BRIDGE RECONSTRUCTION PROGRAM
OF K. T. R.

Name of Bridge——Ta-Ku-Ho.
Location..............Km. 59+196.
No of Spans........6 Spans of 30m. T. P. G.
Span No.............2nd Span From Tsingtao Side
Date....................March 28th, 1925
Loading.............E—50
Manufacturer........Moschinenfabrik Augsburg-Nurnberg A.G.

1925 年胶济铁路大修使用德国 M.A.N 桥梁厂制造的钢梁桥照片说明

年，济南兴华造胰公司创立，成为最早由华商兴办的新式烛皂工厂，从德国购进了全套设备，包括云片机、压胰机、打条机、切皂机及动力机器，技术也由德国技师担任指导。1918 年，张采丞在官扎营西头购买地皮筹建华庆面粉厂，招集股本 30 万元建起了厂房和仓库，购买了美国脑大克厂制造的面粉机。1922 年，济南裕兴颜料厂陆续购进日制 8 马力发动机、冷冻机、英制化学反射炉等机器设备，扩大生产规模，改进技术工艺，使年生产能力达到 1 万箱。1931 年冬，潍县华丰机器厂从青岛聘请技师，以德国设计、英国制造的 15 马力狄塞耳式柴油机为样机,自行试制柴油机。1932年秋,第一台15马力卧式单缸低速柴油机试制成功,试用效果不次于英国产品。1935年,济南仁丰纱厂从三井洋行订购丰田式细纱机6台共2784锭,从新井洋行订购阪本式织布机240台,另从三菱洋行订购和歌山染机、漂染机28台及全套印染辅助设备。1936年,随着新增设备的陆续投产,仁丰纱厂已成为能够纺纱、织布、印染的全能企业。

20世纪30年代中期,在市场需求和资本结构的共同作用下,山东新兴工业体系初步形成,由棉纺织、丝纺织、农产品加工、化工、机械制造五个行业构成,主要集中在济南、青岛、烟台、潍县等少数开埠城市,其他制造业只有个别企业,而没有形成行业。

沿铁路流动的资本

逐利的资本就像水，总要流向社会经济发展过程中的价值洼地。近代以来，洋商资本大规模涌入山东，随之沿胶济铁路在开埠城市快速向内地扩张，不仅打破了传统的金融资本结构，更与新兴的华商资本展开了激烈的竞争。

洋商资本在铁路沿线快速扩张

第二次鸦片战争后，烟台成为当时山东唯一的商埠城市，一些总部设在香港、上海的大洋行相继在烟台设立了办事机构。早期贸易中，洋商投资分散零散，随着贸易的发展，一些过去独自经营的洋商也重新组合成专业性较强的洋行，从事零星贸易的洋商逐渐被资本雄厚的洋行或洋行分行、代理处所取代，洋商资本逐渐进入到航运、保险、贸易、金融、煤炭、木材、杂货等业务，依仅雄厚资本和通商特权，控制着烟台的远洋航运和保险业，在贸易、金融等领域占据着极大的市场份额。与此同时，外国金融资本的触角也伸进山东，陆续建立起一批银行和金融代理机构。

德国强占青岛后，鼓励外商到青岛投资，各国洋行尤其是德国洋行，竞相开办工商、贸易、金融、航运等业务，青岛很快成为继烟台之后外国银行开拓金融业务的理想地点。1898年德华银行青岛分行开业，不仅是第一家在青岛设立的外国银行，而且成为胶澳租借地总督府的中央金库和胶澳海关的专门金库，掌握着发行纸币及辅助货币的特权，还有权办理土地抵押、证券交易业务。德华银行发行的货币不仅在青岛市区流通，还在胶济铁路沿线使用，用作铁路客运票价的支付手段，银行自身还是山东铁路公司和山东矿务公司的最大股东。德华银行依靠同德国政府的密切关系，凭借自身雄厚的资金实力和遍布各通商口岸的业务网，长期垄断胶澳租借地的金融业务和青岛市场的国际汇兑

德华银行青岛支行发行的 10 元纸币

德国德华银行青岛支行大楼

日本横滨正金银行济南支行大楼

业务，还向清政府承揽大笔贷款，成为德国在山东扩张经济势力，支持德商贸易经营的重要工具。

1904 年济南自开商埠，作为全省水陆商路的枢纽，连接口岸贸易与内地集散市场。各国洋行都到济南设立分支机构，投入大量资本，在商埠区兴建楼房商场，争相扩大商贸业务，把济南作为向内地市场扩张经营的立足之地。洋商还把经营活动扩展到铁路沿线城镇，利用不平等税则、沿海贸易权、内地通商权雇佣买办，通过遍布口岸和内地集散市场的行栈资本，建立了洋货推销网和土货收购网，大肆推销洋货和收购农产品与手工业品。

1914 年，日本占据青岛。在日本占领当局的庇护支持下，大批日本商人涌入青岛，并由青岛沿胶济铁路向内地渗透。德华银行、渣打银行、俄华道胜银行相继关闭，日本横滨正金银行、朝鲜银行、正隆银行、龙口银行取而代之。青岛地区主要流通货币也变为横滨正金银行发行的银元、纸币，以及日本银行、朝鲜银行发行的日本金元纸币，均在胶济铁路沿线、内地城镇、农村及济南等处广泛流通。日本工商资本以其政府为后盾，在青岛和胶济铁路沿线城镇开设了大批工业企业和商行、商店及各类金融机构，成为影响山东商品市场和金融市场的重要因素。

华商资本在近代化发展中的嬗变

近代山东开埠通商前，盐业、典当业、钱业等三个行业的商人，是传统华商资本结构维系发展的基础，不仅最有经济实力、地域分布最广，影响力也最大，可谓众商之上的财富象征。清末民初，随着社会动荡引发金融风潮和近代

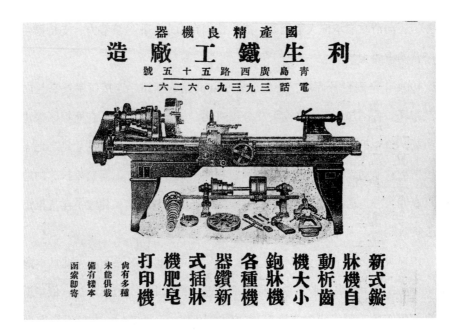

青岛利生铁工厂产品广告

西方银行业及其资本的闯入，传统盐、典、钱三个行业封闭的经营与生存方式，已经难以适应近代不断扩大的商品流通对信贷资金和信贷运作的要求，不得不让位于新兴的行栈商人。

铁路的开通重构起新型的交通运输格局，越来越多的农工商产品依托铁路主导的交通网络购销流通。在大宗商品的远程贸易中，行栈商人资本始终处于中心位置，几乎遍及与贸易关系密切的所有商品流通领域，流通过程中基本形成了以行栈商人资本为核心的商品购销链或购销网，资本实力与日俱增，在烟台、青岛、济南、潍县等城市都出现了资本数十万乃至上百万的大行栈商人资本，许多成为商界的巨商首富。

行栈商人作为近代以来新兴的商业群体，借助新型商品贸易显示出极强的

济南成丰面粉厂制粉楼旧址

竞争能力。他们与传统商人有着本质的不同，在新兴贸易领域积累起可观的资本后，并没有像传统盐、典、钱旧式商人将积累起来的资本投向土地田产，或者将大量社会资本长期滞留于高利贷等非流通领域，而是热衷于投资近代工矿业，跃升成为资本顶端的新式商人。

例如济南的穆伯仁就是靠粮栈起家，后投资60万元开办通惠银行，1918年又投资开办了惠丰面粉厂。至30年代初，名下已有工商企业10余个，资本总额达200余万元。还有桓台帮苗氏资本集团，最早也是靠行栈业进行资本原始积累。他们利用恭聚和、恒聚和、公聚和、恒聚成、同聚长等五家粮栈积累起来的巨额资本，20 年代开始投资机器工业，先后创办了成丰面粉厂、仁丰纱厂、成通纱厂、成丰铁工厂等大型企业。到 30 年代中期，苗氏资本已发展成为控股参股十几家工商企业的企业集团，资本总额达 120 万—180 万元，其中工业投资占比达到 85%。在经营管理上，他们还能充分利用自身的商业购销渠道，使生产经营成本大幅降低，提高了企业竞争力，成为近代工业化进程的重要推动力量。

行栈商人依靠资本集中优势不仅逐步向工业领域拓展，还衍生出信托代理、合同购销、信贷、期货、票据承兑等具有近代资本主义商业特征的资本经营运作方式。行栈资本实力与影响力不断增长，最终确立了他们在商界中的领导地位，开埠城市有实力的行栈和大批发庄、银号终于取代传统的盐、典、钱旧时商人，占据了商品流通金字塔的最顶端，新一轮的新旧嬗替也完成了近代商人资本主义化的过程。

近代山东资本随城市开埠转移

第二次鸦片战争后，按照不平等的《天津条约》规定，烟台取代登州成为山东唯一开埠通商口岸，洋商对近代山东的投资由此开始，胶东蓬莱、黄县、掖县等地商人资本也开始大规模向烟台汇聚集中。

1898 年，德国依靠武力强占胶州湾后，逼迫清政府与之签订了中德《胶澳租借条约》，青岛沦为德国实际控制下的远东租借地。洋商资本输出从港口设施的兴建、胶济铁路的修筑以及外资企业的开办，逐渐进入到越来越多的经济领域。因青岛自由港（地区）贸易制度的吸引和胶济铁路便捷的运输条件，即墨、日照、胶州等地商人资本以及烟台商人资本开始向青岛转移。

1904 年，济南自开商埠，因胶济与津浦铁路在此连通，很快成为全省最大的商品集散市场，中外企业纷纷在济南投资设立分号。1911 年辛亥革命爆发，推翻了清政府，随后政局动荡，战事频仍，促使章丘、桓台、寿光、周村等地商人资本也开始大规模向济南转移集中。

近代山东商人资本向开埠城市转移汇集，与市场、商路、商品流通三项因素的变化密切相关。开埠通商后，不断增长的饮食、服饰、百货等日常生活需求为行业发展提供了条件，使大批中小商人获得了进一步生存经营的空间。随着对外贸易的日益兴盛，福州、潮州、广州、宁波等地商人资本，在山东沿海城市的经营势力也迅速崛起。以铁路为主干、以城市为起讫点的新商路网络，形成了城乡间土货、洋货双向流通的结构，给内地城市商业资本的积累和集聚带来了前所未有的契机，本地区形成的巨大市场供求既适合大宗商品集散，也有利于大资本进出运作，逐渐打造出以开埠城市为核心的市场体系。

这几次商人资本的大规模转移，彻底改变了山东原有的资本地域分布，以烟台为中心，出现了包括龙口、威海、羊角沟在内的胶东沿海商人资本密集区；以胶济线为轴心，出现了包括青岛、济南、潍县、周村在内的铁路沿线商人资本密集区，最终形成了以沿海城市和内地开埠城市为中心的近代山东商人资本分布新格局。

铁路勾连起的市场大网

近代山东开埠前，传统的定期市场、运河市场和沿海市场散落分布在各地城镇，自成系统，各具特色。直到西方的坚船利炮打开了关闭已久的大门，在开埠城市出现了口岸贸易市场，随之就像第一张被推倒的骨牌，迅速向内地传导。在一只无形大手的引导下，产地市场、专业市场、中转市场、集散市场、中心市场，共同织成了一张流动的大网，遍布各个角落。

青岛的李村大集

李村附近一个干涸的河床上，聚集了几千人，这天是本地最大的集市。集市上，有从崂山下来山民在出售多余的燃料，有从海边过来的渔民在出售自家打的鱼，还有附近的村民，拉来了当地盛产的梨、桃、杏、柿子等水果。这些乡民除了兜售自己多余的物品，还从这里购买自家所需的物产，顺便还可以在大集上开开眼界，会会朋友，可谓一举三得。这里有说书的、卖唱的、说相声的、换钱币的、代写信的，还有算命的、拔牙的、赌博的，巡回演出的茂腔等地方戏剧更会博得一阵阵喝彩，热闹极了。在饭馆，人们会遇到邻村的朋友并一起谈论"世界形势"，对占领胶州湾德国人的种种做法表达种种不满，有时还对难以理解的行为，编顺口溜嘲笑他们。对于这些乡民而言，除每年逛庙会外，赶集是单调农业劳动的唯一娱乐，不仅能满足生活需要，还能满足社会和情感的需要。

类似这样设在较大城镇的定期市集，在这片土地延续了几百年，大多五日一次，也有逢三、五、八、十日开集的，辐射到周边15里以内，相邻地域或城厢四关大都相互错开开集时间，有些依托山会、庙会形成的集市往往连续开集三五天。如果在州县城厢逐渐形成了较为固定的某类物品市集，大家就会以

20世纪初期，青岛李村大集

铁路勾连起的市场大网

20 世纪初期，青岛大港码头

这种土产命名这条街市，比如马市街、剪子巷、制锦市街等。但这种以米粮菜肉、布茶盐炭等生活用品和农具、铁器等生产用品交易为主的市集，贸易规模小，种类品类少，甚至物物交换的情况大量存在。中小乡村市集上交易的物品流通范围狭小，仅限于产地附近的乡民调剂余缺，缺乏长途贩运的流动商人，仅有极少量商品能流入较大城镇出售。

此外，运河城镇市场和沿海城镇市场与散布在山东内地的定期城镇市场大同小异。前者以运河贸易为依托，在临清、聊城、济宁、德州等沿岸城镇形成了集散贸易市场；后者以沿海渔民运输为依托，在登州、胶州、塔埠头、女姑口等沿海城镇形成了集散贸易市场。这三种城镇市场的共同点是分别在各自的地域中进行，相互之间几乎隔绝，没有商品流通的经济动力和市场渠道，缺乏辐射到省内外其他集散市场的条件，更没有可能与海外市场直接建立联系。

19 世纪中叶以前，山东的经济发展一直沿着传统农业经济的轨道缓慢运行着，手工劳动、经营分散、规模狭小、流向单一的模式，使其远离市场、远离世界经济发展和交往的中心，丝毫不像同样从这块土地上诞生的"孔孟思想"，早已远播影响了整个中国乃至东亚诸国的历史进程。

口岸的首张骨牌

当一个古老的国家、一片封闭的土地，被一股外来力量突然撞开厚重的大门，其固有的经济发展模式必然被打破，只得被裹挟着融入世界近代市场经济发展的轨道之中，而这个突破口，或者说近代山东市场经济发展的起点和初始动力，起始于口岸贸易推倒的第一张多米诺骨牌。随着沿海和内地城市的相继开埠和烟台、青岛港口的建成，不断扩大的双向商品流通在城乡形成了新的消费和生产需求，逐渐打破了传统市场体系的封闭性和地域性，传统的市场格局开始解体，一个以沿海和内地开埠城市为核心、以近代商路网络为纽带的新型市场体系开始初步形成。

近代山东开埠通商后，沿海城镇市场的交易规模、分布密度、活跃程度超过了其他地方。市集上不再是清一色的生产者本人和周边调剂余缺的乡民，逐渐出现了捎客、商贩、站庄甚至行栈等专门从事商品交易的商人。他们专门收购当地土产转卖给青岛的洋行，然后再从口岸输入棉纱、纸张、面粉、砂糖、煤油等洋货在集市出售。外国洋行与这些产地市场的交易，往往通过中国买办

20世纪中期，烟台水果市场

进行。运作经营中，洋商提前限定日期和所需数量，命买办搜集购买。而买办则联系市集中的中间人签订合同并支付定金，随后中间人到各地市集购买。中间人在市集大宗采购，买卖双方需要共同确定一个都信得过的保人，由保人经手金钱往来办理买卖事项。牛只、花生、草辫、茧绸、棉花、畜产品、果品、烟叶、豆货等，都是集市交易最畅销，烟台、青岛出口额最多的商品种类。提供这些商品的地方就是产地市场，口岸贸易推到的第一张骨牌首先传导到这里，两者之间通过洋商、买办、中间人、保人、售卖人形成了一条特殊而不间断的交易链条，口岸市场的购销活动正是顺着这条交易链延伸到城镇市集，渗

20 世纪初期，坊子茂林街

20 世纪中期，准备出口的"青岛牛"

透到产地市场。

通商口岸土货出口贸易需求，对产地市场的交易额、价格等市场因素起着重要作用。在某些专业化特征最成熟、贸易最活跃的产地中心，逐渐形成了以邻近地区的产地市场作为货源地，专门进行某种土货交易，并以开埠城市为商品流向的专业市场。比如：沙河镇草辫市场、大汶口花生市场、龙口粉丝市场、沙子口果品市场、青州生丝市场、昌邑茧绸市场、张店棉花市场、临清棉花市场、辛店烟叶市场等。需求量大的当地土货不再局限于产地消费，而是随着流通范围的扩大，通过各种渠道进入口岸市场。而口岸市场进口的商品，也通过这一交易链条源源不断地进入产地市场，越来越广泛地进入到城镇日常生产生活中。

流动的市场大网

随着进出口贸易的不断扩大，从口岸市场推倒的骨牌，在到达产地市场的过程中继续向纵深传导。

在水陆商道枢纽形成了中转市场，在转运商品、沟通口岸与内地商品流通中发挥着重要作用。例如，羊角沟中转市场使烟台市场流通范围扩展到小清河流域，黄台桥中转市场使黄河、小清河水运商品流通纳入到青岛口岸市场，泺口中转市场使济南市场流通范围扩展到山西、河南等省。

在农副产品的集散地和商品消费的主要货源地形成了集散市场，决定着商品的流通方向和范围，成为该经济区域内商品贸易的中心。鲁东和鲁中依托胶济铁路形成了潍县、周村两大土洋货集散市场，鲁南运河沿岸的济宁借助津浦铁路，商品集散贸易有了新的发展。

　　济南作为省城人口密集，不仅生活生产资料消费量大，工业和手工业比较发达，金融业比较集中，附近有黄台桥、泺口两个中转市场，还是多条重要商路的起止点，一跃成为作为全省商品流通的中心市场。

　　沿海青岛、烟台等口岸，通过以上市场系统，既与以济南为核心的内地中心市场系统联系密切，又与国内埠际市场和国外洲际市场有着大宗贸易。从沿海到内地，口岸市场推倒的第一张骨牌将各类市场连接在一起，沟通了低层次市场与高层次市场之间商品的双向流通，构成"济南—青岛双核结构"的统一市场体系，使整个市场系统进入国内外市场流通体系，让山东融入国际贸易的网络之中。

　　近代山东市场经济的发展离不开交通与生产条件的支持。发展过程中，铁路替代了传统的河运商路和陆运商路，改变了传统市场的流通结构，铁路沿线的产地市场、专业市场、中转市场、集散市场、中心市场、口岸市场，标记着一个又一个商品流通的坐标点，逐渐形成了以各类市场为起止点或交会点的近代商路网。其中，中心市场成为新旧商路的交会点，各地商品汇聚，连接原来几乎隔绝的地区性市场，主导着内地市场的商品流通。而口岸市场则成为连接内地市场、埠际市场、国际市场的纽带，改变着传统封闭式的市场格局，促进了近代山东开放市场经济系统的形成。

胶济铁路与近代山东之变

胶济铁路是山东第一条铁路，山东则是承袭了上千年的孔孟之乡。探寻胶济铁路与近代山东政治、经济、社会之变的关系，从更宏观的视角来看，毋宁说是探寻齐鲁大地上，近代西方殖民扩张背景下的工业革命，对中国传统农业发展模式的对撞与冲击。

胶济铁路路权更迭是近代山东政治之变的重要推动因素

胶济铁路来到山东，与国际政治的关系密不可分，其修建之初就深刻地烙上了德国殖民主义的印记。此后，又在中日关系成为主导的中国近代史中，成为入侵的通道、争夺的目标、谈判的焦点、民族的心脉，影响着近代山东一次又一次的大变局。

1898 年 3 月 6 日，《胶澳租借条约》签订，清军退出整个胶澳，将美丽富饶的胶州湾拱手让给了德国。胶澳沦为德国在远东的第一块租借地，德国同时获得了胶济铁路的修筑权和沿线采矿权。这样的一纸条约，使山东的政治格局不可能再像此前那样，仅仅把列强的势力控制在沿海通商港口，随着铁路的修筑，德国的势力范围必然扩大至整个山东。德国以所谓"租借"的字眼实现了长期霸据胶州湾的目的，中国似乎以"租借"二字"以面纱遮盖地让与"，保留了大清国的些许"颜面"，但在列强眼中，用什么字眼并不重要，重要的是从中国能获得多少实际的利益。此后短短数年，俄国强租旅顺、大连湾，英国强租威海卫，法国强租广州湾，西方列强再一次掀起了瓜分中国的狂潮。在随

20 世纪初，一列运送德军的火车停靠在胶济铁路胶州站

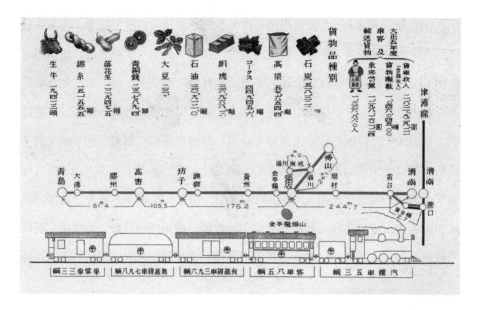

1916 年胶济铁路客货运输情况统计表

后的胶济铁路修筑过程中，与民众的冲突成为义和团运动的序曲，山东官员也与德方围绕胶济铁路展开了激烈的政治博弈。签订《胶济铁路章程》、宣布济南自开商埠、修建独立的津浦铁路济南站等措施，都遏制着德方势力向山东内地的渗透。

1914 年"一战"爆发，日本趁德国无力东顾之机对德宣战，联合英军攻占青岛和胶济铁路全线，由此引发旷日持久的"山东问题"。巴黎和会中国为山东权益据理力争，引发五四运动，中国拒签合约，直到华盛顿会议中日签署《解决山东悬案条约》，中国赎回胶济铁路，"山东问题"才告一段落。此后的 20 多年，胶济铁路路权反复在中日之间更迭，始终是中日两国争夺焦点。日本三次出兵山东占领胶济铁路，铁路控制权都是日军入侵山东首要目标，每次占领胶济铁路后首先在全线重兵布防，胶济铁路就像中国的喉咙，被日本紧紧地攥在手中。

近代山东，各方政治势力也在胶济铁路纷纷登场，这里面既有交通系与地方系的铁路内部派系之争，也使刚刚诞生的中国共产党在胶济铁路开启了山东工人运动的大幕，一跃登上近代山东的政治舞台，由此点燃了星星之火，走上了星火燎原的红色之路。

胶济铁路重构交通体系是近代山东经济之变的主要因素

胶济铁路打破了千年以来地域的界限，重新构建起新的山东交通体系，观念的桎梏和传统的农工商模式，犹如一架有力的引擎，为区域经济发展注入了强大动力，推动着山东经济的现代化进程。

1904 年，从青岛开往济南的火车

市场需求大的农产品商品化程度得以迅速提高，并促进了经济作物的广泛种植，增强了农户与市场的联系，推动了农业商品化进程，支持了同期工业化的发展，农业改进以近代市场经济的变迁为前提，反过来又促进了市场经济的发展。铁路带动了新贸易机会地区的农产品生产和销售的增长，以及商业种植和地区专业化生产，传统的农业种植结构开始朝着规模化、专业化、区域化方向快速发展。

传统手工业具有更广泛商品化属性的同时，产生了手工业品种的兴衰和规模化机器生产的转型。或者在洋货的冲击下很快衰落，或者由于销量扩大寻求生产的规模化，有些传统手工业作坊向机器化发展，转型成为民族工业企业。考察其中的原因，无不与胶济铁路重构的近代山东交通体系，以及由

20 世纪 30 年代末的津浦铁路黄河铁桥附近的黄河船运码头，下方是泺黄联络线，连接起山东水运和铁路两大运输系统

此形成的内接中国内地、外联世界各地的新商路有莫大的关系，正是由于新商路引发的商品流通渠道的变化，引发了山东手工业生产向工业化转型的规模化趋势，出现新与旧、近代与传统、机器与手工、家庭副业劳动与手工工场生产混合的场景。

胶济铁路给山东带来现代化工业体系外，更利用市场之"手"影响着铁路沿线乃至整个山东的工业发展。而这个市场之手能发挥作用的前提，恰恰是胶济铁路重构的山东交通带来的城镇连接、商品流通、市场形成，以及中外商人资本重组共同作用下的结果。如果没有近代山东交通的首先之变，产品的商品化、机器化、规模化、市场化也会缺少工业化方向发展的原生动力。新兴工业被需求结构变动，贸易和金融积累资本的杠杆所撬动，先集中于轻工业部门，后集中于制造工业，形成了机器工业本身技术的改进与创新，手工业逐步采用改良机械工具替代旧式工具两种方向。

胶济铁路影响下的新型商业购销流通模式，最终构建起了近代山东市场体系。山东传统商业市场与国外市场几乎没有联系，与外省市场的联系也十分有限。开埠通商后，口岸贸易为传统商业注入了新的市场因素，适应商品需求、供给、流通和消费变化的新商业模式开始出现，传统类型的市场也依其对口岸市场的关系而发生不同程度的变化，衍生出产地市场、专业市场、中转市场、集散市场、中心市场和口岸市场，一个开放的市场系统随之而起。铁路开通后，新的交通运输方式、商品购销模式、资本参与形式，使商品经营遍及商品流通各个领域，形成了从城市到乡村的大区域商品购销网，并始终同埠外、海外市场息息相关。商品流通跳出了原来地方性的狭小圈子，整个山东商业也逐步改变了原来服务于地区和国内贸易的局面，而同国际市场发生着紧密联系。

胶济铁路的意象展现了近代山东社会之变的中西文化冲突

胶济铁路从诞生那天起，对山东民众来说就不仅仅是一种交通工具，更成为强大力量、争议话题、冲突核心、文化现象、时代特征的典型代表。近代山东社会在政治、经济的影响下呈现出中西文化多元化碰撞融合的趋势。胶济铁路作为一种新型交通工具，给山东社会带来的已远超出它自身的功能性作用，而成为代表西方文化的新观念、新生活、新城市的意象。

20 世纪初，铁道线像藤蔓般在青岛济南间不断延展，也刺激着山东民众对时间和空间感知的敏感神经。山东传统社会中的民众，大多过着面朝黄土背朝天的日子，遵循的是日出而作，日落而息的生活方式。铁路这种对社会活动精细、

抗日战争期间，日军查看被中国军民破坏的胶济铁路线路

20世纪40年代，津浦线客车人满为患，乘客通过车窗上下车

线性的时间分割，把民众从原有的生活方式中连根拔了起来，社会生活的节奏像开动起来的火车那般越跑越快，那张"神秘"的火车时刻表也深刻地改变和塑造着人们的行为模式，人们开始以时间而不是以空间来感知距离，原来去某个地方习惯说"有多少里地"，而现在往往会说坐火车需要"几个小时"。"准时"成为一个重要的现代生活法则，同时也影响、塑造着人们的心理和精神状态。

　　胶济铁路被山东民众普遍接受后，不仅成为一种时尚便捷的交通工具，更激发着人们不同以往的想象。火车不再是神牛、异龙那般魔幻的怪兽，也不再是毁我村庄、占我农田恶魔般的梦魇，而是凝聚着资本，驮载着象征，带来了福音，激发着灵感，但也偶有灾祸的意象化身，划然长啸着刺入人们心灵深处使其无法自拔。同时，坐火车也是社会地位的一面镜像，让人能够看清楚自己的位置和处境。一段旅程就像一场宴席，总是要散的，一站一站地前行，旅客都有各自的目的地，朝四面八方散去，又从四面八方聚拢到相同的列车上，大多行色匆匆，没有听戏品茶的悠闲，有的是不得不算计着的人生。头等车厢里一般是达官贵胄，既舒适又舒心；三等车厢中坐的绝对是平头百姓，拥挤不堪，既繁杂又烦心；中间二等车厢是个碌碌中庸的空间，这里的旅客难以用一句话准确描述。有的热情而世故，有的色厉而内荏，有趋炎附势之徒，有上攀下咨之辈，这个社会阶层最具活动能力，充满挣扎和嘘唏，多有不甘底层，少有大奸大恶，外表光鲜体面的背后又不免被人撕破伪装的尴尬。

随后的几十年，山东民众逐渐习惯了铁路这一交通工具，学会了驾驭，也学会了制造，奔驰游弋在新的时空和文明的洪流之中，但夹杂着惊恐、屈辱、希望和骄傲的意象却一直持续着。

后记

　　本书有幸于 2024 年在山东画报出版社正式出版。而整整 120 年前，也是在济南，中德双方胶济筑路与自开商埠的博弈大戏也刚刚拉开帷幕。

　　如今，"火车来，商埠开"的作用和影响自不待言。胶济铁路也在近 10 年间，由一条地方铁路成为一个文化符号，逐渐呈现出独特的铁路文史魅力，甚至一些此前广为流传的照片、建筑、事件中的错误也陆续得到考证和更正。

　　2014 年 12 月，作者有幸成为胶济铁路博物馆筹建策划组成员。当初对胶济铁路的直观认识，也几乎只有东起青岛，西至济南。此后，阅读专业书籍，搜集多种资料，胶济铁路在我的脑海中逐渐变得清晰起来。

　　兴趣是最好的老师，当你对一件未知事物有了不断探求的欲望，你就会发现这件事物不再是冷冰冰的，它在不断地与你交流沟通，逐渐变得可亲可爱。现在回想起来，那应该是一种历史的温度吧！由兴趣点燃的这炉灶火越烧越旺，布置了博物馆的一间间展厅，写出了一篇篇胶济铁路的历史文稿。

对于历史题材的文学创作，"戏说"一度流行，其实，正说的历史并不是枯燥乏味的，只是看到的资料还不够丰富，听到的史事还不够细致，藏在故纸堆里的那些"细节"才是历史的魅力。

如果说胶济铁路的百年历史为我们留下了时光的影子，得以让百多年后的人们能够拨开尘封的历史凝思，那记录这一时间轴、坐标点的众多创作者就是历史的雕刻师，一同寻觅胶济铁路在时光的影子里刻印下的历史年轮……

源代码本意是指未编译的按照一定的程序设计语言规范书写的文本文件，是一系列人类可读的计算机语言指令。在本书中寓意揭开百年迷雾，探寻胶济铁路最初的样貌。历时 10 年最终成稿，得益于胶济铁路博物馆这一文化平台，得益于社会各界专家学者的帮助指导，在此深表感谢！同时，在编写过程中，难免挂一漏万，敬请读者谅解指正。

陈宇舟

2024 年 5 月